美国女画师的清宫回忆

〔美〕凯瑟琳·卡尔 著
王和平 译

故 宫 出 版 社
The Forbidden City Publishing House

据中国第一历史档案馆所藏外务部档案记载，卡尔女士于光绪二十九年六月十五日（1903年8月7日）进宫，至光绪三十年五月十七日（1904年6月30日）离京，前后于宫中近11个月。

目　录

序

1903年4月，我在上海逗留期间收到美国驻北京公使夫人康格女士的来信，信中谈到中国的慈禧皇太后正欲请人为其画像，问我是否愿意前往北京，进宫承担此任。并说如果这件事能办成她还希望慈禧太后能够同意把画像送到圣路易斯博览会去参展。夫人认为此画定会引起美国人的兴趣且令世人瞩目。对这样的事，康格夫妇自然会努力促成。康格夫人曾有机会多次见到太后本人，因此她认为外面的人如能亲眼目睹慈禧太后的真实肖像，或许会改变对太后抱有的偏见。

我给康格夫人写了回信，表明自己非常愿意进京为太后画像，将在上海恭候她的安排。后康格夫人告诉我说，画像之事已定，太后准备召见画师，并择吉日动笔。然而，中国官场风气一向拖沓，直到7月，康格夫人才收到外务部的正式文书：请康格夫人携美国画师卡尔小姐，于8月5日一同进宫觐见，并于即日开始为太后画像。接到康格夫人的通知，我于7月29日离开上海前往北京，在美国公使馆受到了康格夫妇的热情款待。8月5日那天，我在康格夫人的引领下去颐和园觐见了慈禧太后。

以外国人的身份进宫为太后陛下画像，在中国悠悠历史长河中，实属破天荒之举，概无先例可循，处处无所适从。我到颐和园觐见太后时，不知道可以请她出面画上几次，也没有人能明确告诉我一点儿有关画像的事。一切都是未知，一切均取决于太后的意愿，接下来我将受到怎样的待遇，又将如何开展工作，都要受这位显贵各种古怪念头的支配。按照外界对她的流行说法，我对画像能否成功感到迷茫。就在觐见的第一天，外务部官员曾对我说：太后陛下只能出面画一次。因此，我在进宫参见尊贵的太后时，心中十分忐忑。可是，自从面见太后之后，我的一切顾虑便打消了。她举止温文尔雅，热情周到，并特地安排一处宫殿供我使用。总之，为画像提供了一切便利，这使我既感激又高兴。在宫里的那段日子，我不仅为太后画好了一幅送往圣路易斯博览会参展的画像，而且还陆续绘制了另外三幅肖像。

能够进入大内为太后画像，我的经历可以说是独一无二的，但在我结束了这段传奇般的经历后，却从未想过要把它公之于世。太后在宫中待我十分友善，所到之处和所遇之人，也都对我十分友好，尊敬有加。我想，我应以同等的敬意回报对方，遵从中国的礼节习俗，对宫内的所见所闻守口如瓶。

可是，当我回到美国后，陆续看到和听到一些有关我的失实报道和谣传，说太后对我如何严厉，如何逼着我把她画得年轻美丽些，还说她拒绝支付画像的报酬，诸如此类的不实之词出现在每天的报纸上。如伦敦《泰晤士报》在评论慈禧太后时写道："有人说，'她是个蛇蝎心肠的女人'，卡尔小姐看到了这个老妇人的精明与暴戾。"简直是无中生有。面对这种假借我的名义传播的谣言，我觉得有责任澄清事实真相，以正视听。然而媒体力量之大，不可低估。我仅以一纤纤细笔诉说自己的经历，不知能否说得清、辩得明。但谣言不断出现，是非混淆，使我最终决定维护尊贵的太后和我个人的权益。纠正这些谬误是我义不容辞的责任，只有把自己在宫中的生活和为太后陛下画像的经过如实完整地写出来，方能心安。

我很清楚，出版这些东西会伤害中国朋友的情感。因为他们中间很多人不了解其中原委，不知我为什么要这样做，可能会改变过去对我有教养、谨慎周到的看法。和我曾十分亲密的太后及宫中贵妇知道了这件事，至少会认为我做事唐突，有失考虑。因为写这本书时，自然会对太后做些描述，或者对她的性格进行一些评论。这样做将会违背中国长期以来的规矩，即对神圣的陛下不能进行任何议论，不论褒贬，一律会被看作是大不敬的犯罪行为。因此，即便我对太后的评论及描述都是正面的、赞扬的，也丝毫不会改变中国人对此事的看法和立场。也就是说，即使对太后不利的事实有所隐瞒的话，也绝不会因此得到任何好处，我的做法依然会被看作是最放肆的，无法无天的行为。而那些对太后存有偏见的人在读了我的作品后，或许会认为我是为取悦太后而为她歌功颂德。因此，我辗转反侧，左右为难。可是，每当想到自己在宫中受到的礼遇及与太后友好相处的日日夜夜，便觉得不管怎样，还是应该把我的真实经历用简单平实的方法讲述出来，这是我的责任，并且希望这一违背中国习俗的做法能够得到中国朋友的谅解。

一位哲人曾经说过：欲解其人，当观其于自身环境中之行事作为。我恰恰有机会以这样的方式来观察、研究慈禧太后。因此，我的叙述会有一点价值，因为我是唯一一位有机会进入大内的西方人，且能够置身于这位杰出女性的生活环境中观察、探究其品行为人，或者说是以其身边人的角度去观察她的真实生活。

至于书中涉及的中国风俗习惯和宗教礼仪，则仅限于我个人的看法和理解，而没有去查阅汉学家们撰写的浩如烟海的著作，那些想深入研究中国的人自然会去翻阅那些书籍。之所以这样做，一方面是由于时间有限，另一方面则是避免先入为主，以便我在中国能够获取最新奇的印象。对于某些礼仪的实际内涵及渊源，我曾试图向许多中国人请教，但都没有得到满意的答案。看来中国的很多礼仪，多年来已演变成僵化的程式，对多数人而言早已失去了最初的重要含义。对此，我只能根据自己的观察和理解加以揣测。我是一个没有经验的作者，写这本书的唯一理由，就是自己的所见所闻和真情实感使然。我将努力完成这一作品，并准备承受由此带来的种种指责与非难。相信我的记述可以澄清某些误会，使人们以更加正面的眼光看待慈禧太后陛下。

下面便是我，一个善于观察的美国画家的真实记录。

第一章　觐见太后　宫中第一日

1903年8月5日[1]，是我第一次觐见慈禧太后的日子。那天，我在美国公使馆早早起身，因为从北京城内到颐和园需要3个小时的路程，守时是东西方君主同样重视的礼节。我们觐见的时间定在十点半，而开始为太后画像的时间是11点，对此一点儿也不能迟延。这个月份、日期乃至时刻，都是在反复查询历书后才确定的，被认为是为慈禧太后首次画像最吉利的时刻。

早晨7点，我们便坐上美国公使馆卫队的轻便马车出发了，同行的还有康格夫人和使馆的翻译，车上还装有我随身携带的折叠画架、大幅画布等画具。出了北京城，马车在通往颐和园的大路上轻快前行，道路两旁是肥沃的田野，风光明媚。而且适值夜雨初晴，一切都显得那样清新。润湿的石板路向远方延伸，犹如一条闪光的小溪。田畴片片，芳草茵茵，时有寺院的围墙在葱茏中隐现。举目向颐和园方向远望，青山与蓝天辉映，幽静柔和，宛如一幅怡人的画卷。

大约一个半小时后，马车穿过一个热闹的村庄，经过一座废弃的寺庙，又绕过几处王公避暑的园林，便进入了颐和园地界。刹那间，我们便融入了美丽的湖光山色之中。群山中点缀着茶肆凉亭，苍翠的松柏和灿若云霞的百花被夜雨洗涤一新，清澈的泉水淙淙流过汉白玉石阶。红墙黄瓦交映，琼楼玉宇巍峨，山寺回廊，蜿蜒曲折。这就是自然与人工相互融合的中国宫殿，在我眼里简直就是一座城！

1 光绪二十九年六月十五日。

颐和园乐寿堂

宫外的台阶上，坐着一群乞丐，所有的东方宫苑概乎如此。前来此处宫苑或外务部办事的高官权贵及众多随从往来出入，这些跛子、瞎子便可从那些乐善好施的人手里讨到很多东西。

为方便圣上在驻跸颐和园期间处理政务，在颐和园御门之左设有外务部办事处[1]，我们便在这里下了车。外务部的几位官员带着翻译前来迎接。在接待室小憩片刻后，一名主管太监又引领我们换上红色宫轿。每乘轿子由6人[2]合抬，从御门左边的侧门进园，须臾间便来到了天子神圣的宫区，走进了慈禧太后所喜爱的颐和园。一切还来不及细看，我们

1 光绪二十七年（1901年）六月九日，改总理各国事务衙门为外务部。颐和园东门外左侧设有外务部公所，即卡尔所说的办事处。公所院内建筑高大，正厅建在荷花池上，室内装饰豪华，主要用于接待各国公使。

2 宫内并无6人抬的轿子，此处可能是作者误把护轿而行的侍从也算了进去。

便被抬着飞快地穿过几个院落和花园，最后到了一处很大的四方形院子中间。院内摆满了栽种着奇花异草的花盆，并生长着许多好看的灌木。轿夫落轿后，我们被太监们簇拥着穿过庭院，一座镶着大块玻璃、书有大幅红色“寿”字的门在我们面前悄无声息地打开了。随后，我们便踏进了中国皇太后的御殿[1]！

一群公主、格格和宫女站在那迎候，其中还有裕庚夫人和她的两个女儿（裕庚是前任中国驻法公使）。这两个女孩子中英文俱佳，此时就站在公主身边，为我们之间的交流充当翻译。我曾与她们在巴黎相识，如今故友相逢，自然十分欢喜。她们似乎就是我的依靠，将在我与这个天方夜谭般的宫殿之间，架起一座沟通的桥梁。我们到达御殿时是10点15分，很快太后就要到了。

我几乎没有察觉到太后的到来，引起我注意的只是大殿突然安静下来了。我不由抬起头来四处张望，看到一位充满魅力的女人，脸上带着灿烂的笑容，热情地同康格夫人打招呼。这时裕庚的一个女儿附在我的耳边，悄声说道：“太后。”但即便如此，我仍然无法相信，这位看上去和善、年轻，而又带着迷人笑容的女人，竟会是那个自1900年以来一直被人称作残忍的、不可一世的暴君，那个十分可怕的“老”太后！一位看上去带有几分稚气的年轻男子，与太后一同走进了大殿。他就是天子，当今的中国皇帝！

与康格夫人互致问候后，太后便把目光转向了我。我赶忙尊敬地趋步向前，太后也向我走来，并面带微笑地伸出手来。我一下子被这迷人的微笑征服了，情不自禁地拉起她那秀美的手，放到唇边轻吻了一下，而这一礼节并非事先规定，完全是情之所至。接着，太后又以优雅的姿势伸出手臂，向我介绍身边的光绪皇帝。我向皇帝致礼时，太后一直在细细打量着

1　此处御殿应为慈禧的寝宫乐寿堂。乐寿堂面临昆明湖，为一大型四合院式建筑，前有慈禧乘船的码头。大殿为红柱灰瓦，垂脊卷棚歇山式。其西内间为慈禧寝宫，东内间为更衣室，正厅设有宝座、御案、掌扇、屏风等。1903年8月5日，慈禧在此接见卡尔女士，并于当天11时开始绘制第一幅肖像。

我。皇帝带着礼节性的微笑，向我略微躬身致意。同样，在皇帝向我投来飞快的一瞥时，感到他也在仔细地观察着我。稍事寒暄后，裕庚的女儿传太后懿旨，请我把画具拿进来，太后则去更衣，为画像做准备。

太后离开后，我开始环视四周，想找一处适合画像的地方。这座大殿本身十分宽敞，但是光线欠佳，因为窗子上半部都用纸糊着，只有靠近玻璃门的一小块地方还不错。但对于画大幅肖像而言，这块地方却显得过于狭小。要使光线既能照到宝座上的太后，同时又能照到画布，就不得不把画架放得离太后很近，这对于画大幅肖像来说是十分不利的。想到自己必须在这里画，并且马上就要开始动笔，我的心不由收紧了。太后希望画的肖像尺寸很大，而且曾有人向我透露，她并不理解画前要先在小块画布上画小样，以及做其他的准备工作，如果不能直接在大画布上开始画像，她或许很难坐在那里让我画了。事实上，那天上午我已从外务部得知，太后只能给我两次机会，所以我没有选择，一切都不能按照常规进行，必须在短时间内决定怎样开始工作。

我正在犹豫，太后回来了。她身穿明黄色丝绸长袍，上面绣着明快的紫藤图案，密密麻麻地缀着珍珠。内里衬着一件质地柔软的内袍，颜色、长度与外袍相同。外袍右肩的纽扣上挂着18颗大珍珠，珠子之间以半透明的绿色玉片相隔。在同一颗纽扣上，还挂着一大颗刻有图案的淡红色宝石，下面的黄丝穗儿由两颗硕大的梨形珍珠结住。肩臂处分别挂着淡蓝色的绣花丝绸手绢，及带有黑丝穗儿的香囊。颈上围着大约两英寸宽的淡蓝色领巾，上面用金线绣着寿字纹样并缀着数颗大珍珠。领巾的一头儿折入肩部衣襟，另一头儿则自然下垂。漆黑的头发从中间分开，至鬓角处整齐地梳起，然后高高地盘在头顶。手上戴着镯子和戒指，两只手的无名指和小指上都戴着护指，左手上的护指是碧玉的，右手上则是黄金的，上面嵌着红宝石和珍珠。因为她的指甲很长，戴护指当然是最好的保护方式。

这时太后很有兴致地问我，她画像用的双龙宝座放在哪里合适，在太监按照我说的位置放好宝座后，太后便在上面落了座。虽然太后身高不足五英尺，但她所穿的满族花盆鞋，鞋底厚度却足有六英寸。为了使她坐下时膝盖不会高于臀部，就要在宝座上加一个垫子，这样就显得比站着高大多了。太后先在宝座上摆了个习惯性的姿势，然后对我说，如果不妥可以直言相告。而这时的我，主要在考虑人物、背景如何搭配，怎样尽量突出特点，还来不及琢磨“绘画对象”的姿势，只是想她自己定会知道哪种姿势和服饰最为合适。

这时，时间已经接近11点！

画像的第一笔相当重要。任何一位画家都有这样的体会，就是站在空白画布前，会因一时不知如何动笔而踌躇再三。因为那块画布可能会变成一幅杰作，充分展示画家的想法和才华，也可能就此失败而使自己的心血付之东流。而今，我置身在这陌生的环境中，这种犹豫更是远远超过以往。画像能否顺利完成，关键在此一笔。

我的手在颤抖，太后的眼光是难以琢磨的，那种似乎能够看穿一切的犀利，让我感到阵阵惶恐。就在这时，殿内陈设的85座钟表以不同的声音开始报时了。吉时已到！我别无选择地拿起手中的炭棒，在面前的画布上，为伟大而权倾朝野的中国皇太后的第一幅画像，落下了庄重的第一笔。公主、格格、宫女、职位较高的太监等侍从，都屏住呼吸静立在周围，十分专注地看着我的一举一动。在宫中凡是与太后有关的事情，都是神圣而隆重的。

在开始的一段时间里，殿内85座钟表发出的最微弱的滴答声，在我耳中也像是大教堂里叮当作响的钟声；而我手中在画布上移动的炭笔，也像是一把有力的锯子在来来回回地拉动着。幸运的是，我的精力渐渐集中起来，除了面前的画布和宝座上的描绘对象，已经感觉不到任何事物的存在。我按照画画的规律，一笔笔稳稳地画着。仿佛刚过不久，太

颐和园德和园戏楼

后便通过翻译转告说："今天画像的时间已经够了。"随后又补充道：卡尔女士一大早赶来，可能很累了，应该休息一下，用些茶点了。说完便走下宝座，过来观看我的画稿。

我已大致勾勒出太后的轮廓和头部的一些细节。她那鲜明的个性使我印象深刻，所以画稿上的形象已与本人有几分相像了。太后仔细看了一会儿，表示非常高兴，并称赞我是个天才的画家。可是，我却本能地感到，太后这些话主要是出于礼貌，而非她的真实感受。她只是希望我能够放松一些。接着，她让康格夫人和公主、格格们也过来看，并与她们一起评论。然后转身过来对我说，她对画像很有兴趣，很想看着我把它画完。随后，太后认真地看着我的眼睛，接着问我是否愿意在宫里多住些日子，因为那样她有空的时候就可以坐下来，让我多画几次。

这样的邀请让我满心欢喜。通过第一次觐见，我头脑中有关太后仇视外国人的传闻，已基本化为乌有。太后并非故作姿态，她的邀请和善而富有人情，于是我毫不犹豫地答应下来。想到自己很可能会在宫里完成这幅肖像了，我充满希冀的心怦怦地跳着。太后见我接受了她的意见，似乎也显得十分高兴，说一定会让我在宫里过得很愉快。随后她便离开了，我们被领去进用午餐。按照宫中惯例，太后总是单独用餐，来了客人则由大公主作为第一女主人代为招待，宾客依次在其左右落座。今天同我一起就餐的，还有众格格、裕庚夫人和女儿，以及康格夫人。

餐桌上摆满了各种鲜花、水果和中国菜肴，并备有外国人的餐用水和一些中国饮料。以前曾有人教过我如何品尝中国菜，但还没有见过这样色、香、味俱佳的菜肴。我们充分享用着每一种食物，虽然每位宾客面前都放有刀叉，但我们还是尝试着用筷子夹菜。

餐后，太后和光绪皇帝年轻的皇后就走了进来。太后向我介绍："这是皇后。"其优雅的姿势与上午在大殿里介绍皇帝时完全一样。跟在皇后身后的是皇妃，也是光绪皇帝唯一的一位妃子——瑾妃，太后也向我做了介绍。然后太后对康格夫人说，她准备邀请大家去戏楼看戏，并已传令宫内的戏班在那里待命。

太后和康格夫人走在前面，我与皇后、公主、格格们跟随其后，穿过了几个开满鲜花的庭院，最后到了宫内最大的戏台[1]。戏台建在长方形院落的一侧，向院中伸展，是一座带顶的三面开敞式建筑，后面有门供演员上下台用。戏台对面为太后和皇帝的观戏楼[2]，长约60至80英尺，前面建有带柱石廊。观戏楼的落地窗嵌有很大的平板玻璃，太后、皇帝在里面可以清晰地观看戏台上的表演，也能清楚地听到演员的唱腔。戏台与观戏楼之间的庭院，摆放着各种鲜花，陈放有精美的青铜

1 即颐和园德和园戏楼。光绪二十一年（1895年）建成，分上中下3层，高21米，主台宽17米。由大戏楼、颐乐殿及庆善堂组成。后者面阔7间，是慈禧看戏的地方。

2 即颐乐殿。

器。院子两侧为廊式建筑，廊内被分隔成一个个小间，大小与一般剧院的包厢相似，但却不设坐椅，看戏者只能坐在土耳其式的坐垫上。这些小房间专供进宫看戏的高级官员和亲王使用，在太后面前他们是不能落座的。

这天太后没有邀请其他宾客，而是特意将演员们传到戏楼，为我们进行专场表演。御用观戏楼外廊有数根红色的柱子，太后坐在铺着明黄色垫子的宝座上。在中国以左为尊，所以皇帝坐在太后左侧的凳子上，凳子上同样铺着明黄色的坐垫。我和康格夫人坐在太后的右侧。对于我们来说，看中国戏与观看哑剧其实并没有多大区别，所不同的是感到比较新鲜有趣。看了两三出后，康格夫人起身向太后、皇上和后妃告辞，我也随着走到外面的院子里，在那里与她道别。

康格夫人离开后，宫里就只有我一个外国人了。这是从马可·波罗那个时代以来，首次有外国人住进中国皇宫。置身在这个完全陌生的环境里，我的心中除了新奇之外，还有一种难以言表的孤独。我担心这会影响画像的成败，站在院中踌躇再三。不过，裕庚的女儿很快来传太后的话，说她已经回宫休息，我也不必再回戏楼了。而且太后已为我安排好住处，希望我回去休息一下，如果缺少什么尽管告诉她。还说希望我在宫里生活愉快，要像在自己的家里一样，不必有任何拘谨。

颐和园里的建筑，像其他中国宫殿、寺庙和富人的住宅一样，都是建在石基之上，四面环以围廊。石基高约8英尺，一般只有一层。院子呈矩形，房屋建在四周，通过开放式的前廊，使院中的房间得以相连。安排我使用的房屋位于太后御殿的左面，两座建筑距离很近，往来画像十分便利。这是一座漂亮的亭阁式建筑，院中鲜花盛开，室内铺着光可鉴人的大理石地面[1]，空间以精美的雕花木隔断分隔。从室内向开满鲜花的庭院望去，简直是一种享受。宫里的这类建筑，内部都设有能够移

1 实际上是一种被称作“金砖”的优质方砖，卡尔在书中所说的殿内地面上的“大理石”均指此砖。

动的隔断，可以随意调节房间的大小——可以小如储藏室，也可以大到占满整座房子的空间。

我的住所有两个客厅、一个餐厅和一间迷人的卧室，房间均由镂空的雕花木隔断分隔。从雕花隔断细小的缝隙处，可以看到糊衬的蓝色丝绸。较大面积的空处则衬以白色丝绸，上面画着雅致的花卉图案，间有经典名著的诗词警句，体现出中国书法的洒脱与别致。一面墙上挂有一幅孔雀开屏水墨画，另一面墙上嵌有一面大镜子。窗子分上下两层，下层装着玻璃，并挂着蓝色绸缎窗帘；上层糊着白色窗纸，向外支开。浓郁的花香飘然而入，无声地在室内弥漫开来。由于我的到来，桌子和窗架上还特意摆放了几件外国“古董”。卧榻上铺着蓝缎子面褥垫，窗外安有蓝绸子遮阳篷，室内光线柔和，感觉既清爽又安静。看到这诱人的床铺，不觉困意袭来，朦胧之中，刚刚发生的事情在我脑海里一幅幅展现。虽然床垫比我平时所用要硬一些，窗外还有十几名太后派来服侍我的太监在低声说话，但由于过于疲倦，我还是很快就进入了梦乡。

大约5点左右，裕庚的女儿敲开了我的房门，说太后已经醒了，让我准备一下尽快前去拜见。我很快来到太后的寝宫，见过太后，她把我叫到身边，亲切地询问休息得怎样，住处是否舒适，并希望我和她在一起感到很愉快。停了一下，太后又接着说，今天不必再画了，明天她可以多坐一会儿。并且叮嘱说，如果我有什么特殊需要，务必告诉她，她一定会让人为我去办。

太后单独用过晚膳后，皇后和公主们带我走进刚才太后用餐的殿里，在餐桌旁坐下进餐，太后的座位一直空着。皇后坐在太后座位的左边，并让我坐在她的左边。用餐的时候，皇后和在座的公主、贵妇们都对我十分热情，使我没有一点拘束的感觉。餐后，我们一起去向太后告别，然后走出寝宫。与皇后、公主们一一道别后，裕庚夫人和她的女儿便带我离开颐和园，前往太后为我在画像期间安排的住处——醇王府。

第二章　太后真容　用膳　泛舟

有了前一天的良好开端，我为太后画像的热情倍增，很希望她次日能在画布前多坐一会儿，这样我的工作就能多一些进展。我们走近太后上朝的大殿时，恰好碰上太后和皇帝一起从里面出来。太后看到我们便收住脚步，她身后的太监、宫女也都停了下来。她将我招呼到跟前，微笑着拉起我的手，问我晚上休息得怎样，是否可以继续画像。我不得不佩服太后的观察力，显然她已从我急切的表情中，看出了我希望尽快完成画像的念头。我陪太后一起走进昨天画像的大殿，她褪去朝服，又饮了一杯茶，然后便吩咐宫女拿来昨天穿戴的衣服和饰物换上。我仔细观察着太后，生怕由于昨天画得匆忙和受环境变化的干扰，影响我的观察而不能准确表达她的非凡魅力。

太后在宝座上开始为画像做着准备，在她还没有以那种具有穿透力的目光注视我之前，我已对她从上到下重新打量了一番：

太后身材匀称，头在肩部的位置恰到好处。手形纤细优美且保养甚好。面貌端正，耳部轮廓极佳。黑发如漆，整齐光滑地梳成十分别致的发型。宽宽的额头，弯弯的眉毛，黑色的眼睛明亮有神，目光极具穿透力。鼻梁高而直，是中国人所称的“贵人”鼻形。上唇的线条坚毅果断，大而美的口型极富动感，微笑时露出洁白的牙齿，使她的微笑平添一份少有的魅力。下颌较为宽大，却又不显得夸张和固执。假如我事先不知道她已将近69岁，一定会认为这是一位善于保养的40岁左右的中年妇人。作为一个没了丈夫的女人是不能使用化妆品的，因此太后脸上显

慈禧太后

露的完全是自然、健康的光泽，可见平时的保养相当用心。加上服装、饰品的色彩搭配十分谐调，更显得容光焕发，顾盼生辉。同时，太后又是一个观察能力敏锐、富有见地的人，因此气度非凡，有着很强的人格魅力。

就在我静心观察揣摩慈禧太后的时候，太后已停止与身边人讲话，在宝座上摆好了姿势，转而向我问道："今天咱们画哪一部分呢？"由于我已得知太后喜欢从脸部画起，为了使她高兴，于是我一改画肖像画时先绘制轮廓的惯例，决定先从面部画起。我首先尽量准确地修正昨天的画稿，然后浅浅地涂上颜色。在我专心作画的时候，宫中的贵妇、宫女和太监不时在身边往来穿梭，侍奉太后。太后时而喝茶，时而讲话，但她似乎很清楚头部应该保持不动，因此每次动时都向我表示歉意。其实我并没有要求她坐得太呆板，也希望她稍微活动一下，并非一定如雕像般坐着纹丝不动。太后也像其他东方妇女一样，有吸烟的习惯。画像过程中，时有太监送上水烟或欧洲雪茄，让她吸上几口。但她吸烟时从不用嘴唇直接接触香烟，而是用一个长长的烟嘴夹住烟的一头。不管是吸水烟还是纸烟，太后抽烟的姿势都是那么优雅自然。

大约画了一个小时略过一点儿的样子，太后便觉得上午的画像可以结束，我们两人都需要休息了！然后便走下宝座来到画前。从太后脸上的欣喜神色可以看出，她对着了色的头像，喜爱程度远远超过了昨天。她站在我的身后，先对画像指点评论了一番，然后说要是在画脸的部位时，能让人代替她坐在宝座上就好了，那样她就可以坐在我旁边看着我画了。看到平平的画布上，画出的脸却是立体的，她更是感到十分奇妙。接着太后转过身来对我说，她知道我站着画了半天，一定觉得很累了。劝我回到住处休息一下，午饭后再睡一会儿。最后又说，她在下午出去散步前，会尽量争取让我再画一会儿。

我和裕庚夫人及女儿一同回到住处，她们是太后派来陪我吃饭的。我的住处还有一个满族女孩儿，她也是奉太后之命来陪我吃饭的。这女孩的父亲是中国驻柏林使馆的一位随员，让我感到高兴的是她会讲英语和德语，这样我就可以讲自己的语言，用餐时会十分轻松愉快。而且由于我不懂中文，无法向侍女表达自己的意愿，有这几位太后的翻译帮我转达，事情就变得容易多了。

在宫中吃饭是一件相当奢侈的事情。开饭前，桌子上便摆着二三十道菜肴，旁边的条案上还放着意大利通心粉、米饭等其他食品。中国厨师的烹调手艺极精，美味佳肴配以精致的中国餐桌，完全可以同古罗马执政官卢库勒斯将军的膳食相媲美。鱼翅、鹿腱、鸟舌、珍鱼、燕窝汤、鱼脑、虾子等珍馐佳肴，都是每日常见的菜品。世界上恐怕没有人能像中国人那样，可以把鹅、鸭以及所有的家禽野味，烹制得如此尽善尽美。中国汤品的用料及做法极其讲究，口味甚佳。他们制作的面包用气蒸替代了烘烤，每个上面都带有5个红点，被码放成金字塔形。乍一看可能并不觉得好吃，尝一下却甜丝丝的十分可口。

食物都盛在彩绘高脚瓷盘里，除了米饭和通心粉之外，汤、烤肉、甜点等都整齐地摆在餐桌上。米饭、面食在吃之前则一直放在温盘里保温，因为中国人习惯吃热食。每人面前都放着一个碗、一个小碟、一双筷子和一方质地柔软的方形餐巾。桌子上不备盐瓶，而是放置一碟酱油，供人随时取用。这是因为中国人认为盐只能在烹调时使用，而作为调味品则太粗糙了。

他们用餐时喜欢在房内摆上一束鲜花，用以烘托温馨、热烈的气氛。吃饭时很少喝酒，偶尔喝些也只用很小的杯子，并且喜欢喝热酒。酒壶是银质的，放在盛有沸水的器皿中加热。中国酒与我们的烈性酒相似，但都有十分好听的名字，如“玫瑰露”、“佛手露”等等。中国人不喝冷水，席间也不饮茶。为了招待我这个外国人，才特备有香槟酒、红酒和勃艮第葡萄酒。他们也不喝咖啡，而是在餐后饮茶，里面也不加牛奶和糖。

一般而言，他们有午休的习惯。特别是在炎热的夏季，午饭后都回到各自的寝室睡上两个小时。我感觉床上的垫子太硬，睡得实在不舒服，就让人弄了一个鸭绒垫子带进宫来。一天，我回到卧室，看到两只可爱的垫子，淡蓝色绸子面，摸上去柔软凉爽，并且感到清香扑鼻。原来里面放的是茶叶，是太后送给我的礼物。我感到这两只垫子远比鸭绒或羽毛垫舒适，尤其适合夏天使用。虽然我没有午睡的习惯，但由于实

与太后在颐和园昆明湖泛舟（卡尔绘）

在无事可做，也就只好强迫自己回到房间。

太后午睡醒来，消息马上就会传遍全宫。所有服侍她的人都会在瞬间各就各位，各司其职，皇后和其他贵妇也到宝座间[1]恭候。太后梳洗完毕，便走出卧室来到放有宝座的寝宫正间，通常会饮上一杯果汁或茶。

下午，太后在画像的殿内稍坐后，便吩咐备船游湖。陪同前往的有皇后、公主、格格，以及一大群宫女太监。大家走出大殿来到码头，这是一座汉白玉平台，上面建有一个小亭子。平台面南并向湖中伸展，四周设有漂亮的汉白玉栏杆。太后的龙舟——一艘平底船就停靠在汉白玉石阶下，其他游船、小船像个小舰队一样停泊在周围。太后走下石阶，登上平底游船，皇后、公主、格格及众贵妇簇拥其后。游船中间隆起的平台上铺有地毯，上面放着一把椅子，形状与宫中宝座相似。太后在这张黄色御座上坐定，皇后等人也依次在自己的位置上落座。

1 指慈禧太后寝宫的正间，亦称明间，内置宝座。

我上船时，太后示意我坐在她的右侧，皇后则坐在她的左边。几名高级太监站在太后身后，手里捧着水烟袋、香烟等供她随时使用。只有最高级别的太监及太后的贴身侍女可以留在太后的船上。游船两侧各有人手握竹竿负责撑船，船头挂着两根黄绳，分别拴在另外两只小船的船尾。每只小船有24人划桨，拖拽平底船缓缓前行。小船上的人都是站着划桨，因为他们虽然没有与太后同船，但在她面前也不允许坐着。跟在龙舟后面的是一串小平底船，供那些服侍太后的普通太监乘坐。其中一条船上设置茶炉和煮茶、沏茶的用具，以备太后随时传唤。

游船驶离岸边，切开水面，划向湖中的一座小岛。回首望去，牌坊、佛香阁、万寿山、造型新奇的玉带桥，以及美丽的从岸边伸向湖面的汉白玉平台，在湖光山色的映衬下宛若仙境一般。转眼间游船已划到一处美丽的荷花丛中，此时正值荷花盛开，太后命太监折下数枝，分送给我和船上其他贵妇。荷花是中国人珍爱的水生植物，我从心底里十分欣赏，太后见我喜欢，也非常高兴。我们在湖上游玩儿了大约一个小时，又回到刚才上船的码头。下船时的情况正好相反，皇后和贵妇们先行登岸，然后站在岸边恭迎太后。

当日，我们在太后宫内共进晚餐。太后用膳完毕，我与皇后及贵妇一同在她用过的餐桌旁就座。餐后又一起向太后道别，然后各自回到自己的住所。

第三章　醇亲王府——皇帝父亲的府邸

醇亲王是光绪皇帝的生父，人称七王爷。他的府邸宅基广阔，殿宇巍峨，院中还有一座美丽的花园。[1] 由于王府离太后的寝宫不远，为了画像方便，太后便让我住在这里。1900年，这座园子曾遭到八国联军的破坏，此后便一直荒芜，无人居住。现在，太后觉得把我这个外国画师安排在这里居住比较妥当，便临时将我们的住所及周围的建筑重新修缮一新，而庭院中的其他建筑仍旧残破不堪，到处长满了荒草。王府建筑布局也与其他中国建筑一样，庭院宽广，四周亭台回廊相连。院中还有一座小戏台，并建有供王爷看戏和招待宾客的包间。数座凉亭散布于园中，供人夏日纳凉小憩。

我的住所位于建有围墙的花园之内，属于一组优雅建筑中的一座。房前对着一片荷塘，屋后有一道清流缓缓流过，上面架有一座造型优美的小桥。房屋高大宽敞，一边是卧房和衣帽间，另一边是餐厅和厢房。殿的正中有一扇大门，我便把这间作为客厅，外面宽敞的廊子延伸至整座建筑。出门顺阶而下，便是宽阔的庭院，院内香花满园，争奇斗艳。两侧建筑与中间的厅堂类似，只是形制略小。迎面有一道古雅精巧的石墙，上半部砌有各种通透花样。厚厚的木门开在墙的中央，木门开处，可见宽敞漂亮的露台，高大的榆树在上面洒下一片浓荫……很快，这座迷人的王府就被大家称为“柯姑娘府”了。“柯姑娘”是“卡尔小姐”的中文称呼，中国人很喜欢使用这样的爱称；“府”则是“宅院”的意

1 这里所说的醇亲王府，实际上是位于北京西郊的醇亲王别墅。

醇亲王府正殿旧影

思。后来我又听说，我住的地方原来就是七王爷的儿子——光绪皇帝即位前的寝宫。

由于太后把画像的时间安排在每天早朝之后（早朝一般从8点开始，到10点或11点结束），所以我每天早晨都有充裕的时间喝上一杯茶，然后在院中悠闲地散步，而且几乎每天都有新的发现。中国人非常注意保护自己的隐私，因此王府四周都建有高墙。院内地形蜿蜒起伏，楼宇亭台随处可见，漫步其间，使人流连忘返。其中有一个地方我特别喜欢，那里下临荷塘，静谧怡人，清晨在此呼吸着清新的空气，伴着荷香品茗，是件再惬意不过的事了。在入口左边有一块条石，上面刻着几行文字，后来我才知道那是一首诗，作者就是醇亲王本人。原来醇亲王住在府里时，也喜欢来此小憩。一天，他靠在入口处的垫子上休息，突发灵感，便随手留下了这首诗作。

中国人使用沾着墨汁的毛笔写字。中文的一个字就相当于一个单词，占的位置要比我们的字母组合少，但形态却非常漂亮。中国绅士的侍从常常笔墨随身，主人有了灵感便可以随手写下。醇亲王的这首小诗就是用墨笔书写，后被镌刻于石，使他的瞬间感念得以长存。这是一首咏荷诗，感叹人生无常，富贵荣华如同娇艳的荷花易变而难以把握：……今日美芙蓉，昂首自清高；明朝萎入泥，污浊何人晓。[1]

一天，我在马厩附近一个幽静的角落，看到一些小小的墓碑。后经询问，得知它们都是亲王为纪念自己死去的犬马而立。碑上刻着里面埋葬的狗或马的名字，以及主人对它们的赞誉之词。醇亲王十分喜爱动物，在众多王爷中，只有他府里的马厩、狗舍最为豪华气派。

每当我在清晨漫步园中，经常会看到刻着经典诗句的奇石。那些镌刻在石头上的中国书法，轮廓清晰，字迹俊逸洒脱。它们有的涂以朱砂，有的饰以金粉，在青石底色的衬托下，显得十分醒目。虽然我既不认识这些漂亮的中国字，也不懂那些诗句的含义，但每次看到这些石刻都会感到兴奋，可见它们对于那些博学的中国文人而言，该是多么意味深长！每每歇息于此，欣赏着这些镌刻于石的名文佳句，间或在某些偏僻角落见到“祥和”、“昌盛”等吉祥字样的雕刻，总觉得它们是在默默地为亲王祈福。

登上园中的一座凉亭，可以看到墙外铺着青石板的大道。那是从北京城通往颐和园的。太后和皇上住在颐和园的时候，这条路总是格外繁忙。有时我会拾级而上，在这里居高临下，观看园外的世界：行驶的车辆，官员的坐轿，骑马的侍卫在轿旁随行；打马飞奔的信差，各种各样的商贩，插着小黄旗满载而行的马车，那是为皇家送货的专车……时有数骑飞驰而过，簇拥着衣着光鲜亮丽、出行的某个皇子。皇子的坐骑红鞍华饰，银器闪烁；时而又有打扮得非常漂亮的公主乘车驶过，按照不同的等级，前导后随的侍从15至30不等，侍女们乘坐的黑色马车跟在后面。

根据这些人乘坐的马车或轿子，可以判断其官职的大小。只有皇帝、皇后外出才能乘坐明黄色的轿子，贵妃则乘橙黄轿，而公主乘红色

1 根据英文意译。

醇亲王府跨虹亭旧影

的车或轿。一二品大员的轿子为绿色，三四品为蓝色，一般官员乘坐其他造型的轿子。与马车相比，官员们更喜欢坐轿，百姓出行一般都坐马车。这些车，尤其是去北京城的大车，全都用蓝布罩着，车轮上有粗大的铁铆钉。从布的质地、整洁程度以及车具、车饰的华丽程度，可以判断主人的贫富与级别。北京的大车都是用骡子驾车，骡子是中国北方的重要牲畜，比起矮种的中国马要好得多。

醇亲王是一位十分特殊的人物。他本人是咸丰皇帝的弟弟，夫人是当今皇帝的母亲，也是慈禧太后的妹妹。两宫皇太后一起临朝听政时，皆与这位王爷交好。直到他去世为止，一直是她们最信任的近臣之一。这位王爷为人正直，十分开明，不论是中国人还是外国人，都对他称赞有加。醇亲王这种备受尊重的地位，或许就是在同治皇帝夭折后，慈禧太后选定他的儿子继承皇位的原因。清朝皇帝及其摄政班子选择皇位继承人，有一整套规定：如果皇帝仅有一子，那么毫无疑问会由他来继承；有多位皇子，则从中选择合适者；如无子嗣，就从皇帝兄弟的后代中选择，无论长幼。当今皇帝的父亲醇亲王，就是咸丰皇帝的七弟，因此人称七王爷。

第四章　太后宝座间

第二天早晨，我们准时来到太后宫前，她也恰好刚刚下朝。一见面，太后便带着迷人的微笑同我们打招呼，并像前日一样询问我身体如何。接着，众人便随太后一同向昨天画像的大殿走去。这座宫殿非常高大宽敞，殿的前面几乎全是玻璃，窗与窗之间只有柱子相连。窗的下部安装着玻璃，上部则是花窗棂，糊着高丽窗纸。靠窗户的一面，中间还有一扇巨大的玻璃门，从地面直达天花。另外三面用镂空的雕花木隔扇，把用作画室的这间与两侧和后面的空间隔开来。形式与我住的房间相仿，只是工艺更加精美。隔扇棂上糊着白绢，上面书写着太后喜爱的名家诗句，间以绘画。这些诗句多出自皇帝或皇后的手笔，也有一些是大臣专门盛赞太后的。门口挂着缎子门帘，玻璃窗上是蓝色绸子窗帘。因为太后素喜蓝色，所以宫中悬挂之物皆以蓝色为主，而皇家的正宗颜色应该是黄色。

宝座间的右侧是一个带有祭坛的小佛堂，有一尊佛坐于莲花之上。供桌上常年鲜花水果不断，四季飘香。佛像前设有香炉，炉内香火从未间断。宝座间左侧是太后的卧室。殿的后部有一个镂雕木隔扇隔出的轮值间，太监、宫女轮流在此候着，随时准备侍奉太后。宝座间后部立着一架柚木屏风，屏风五扇，上面嵌着青金石等各色宝石。屏风前的地平上摆放着类似卧榻的大宝座，座前放置着宽大的脚凳。皇帝或太后临朝时，可以随时在宝座上倚靠小憩，但太后一向正襟危坐，从不斜倚或靠着宝座的后背。

除了在召见百官的大殿里使用这样的宝座外，太后更喜欢比较轻巧、新颖的宝座，即镂雕的柚木圈椅，配上明黄色的坐垫。宝座间的前部便摆放着一件这样的宝座，太后就是坐在这个宝座上让我画像的。前面提到的那件大宝座被移到了宝座间的后部，以保持传统规制，但太后却从来没有用过。宝座两边分别竖立着孔雀翎制成的大扇，扇柄为黑色檀香木制成，插在景泰蓝扇座中。孔雀扇两侧是硕大的景泰蓝花瓶，珍贵的大瓷碗里，苹果、佛手等水果被整齐地码放成塔状。

到处都是鲜花！此时正值兰花盛开，香气袭人，这是太后十分喜爱的品种。殿里就摆放着很多精致的瓷花盆，里面主要栽种着兰花。此外还有莲花和百合。各种花果香气交织，幽香难以名状，沁人心脾。不过，太后极爱园中的清新空气，因此即使在天气很冷的时候，宫里也经常有窗子开着。

除了鲜花和水果，钟表也是太后宫中的重要装饰品，我去过其他宫殿也大都如此。中国人素来喜欢钟表，宫中各处的钟表不下千件。如我

乐寿堂正间（宝座间）

前面所述，仅太后的宝座间内就有85件，如嵌有贵重宝石的和纯金质的钟表精品等，皆陈设于此。它们很多都伴以美妙的音乐，或者鸡叫、鸟鸣。有的带有水法、八音盒或人物表演，一到整点，钟内人物便会出现并围绕表盘活动。宫内还有不少外国物品，但除了钟表外，太后对欧洲的其他东西似乎并没有多大兴趣。遗憾的是，除了少数欧洲君主赠送的礼物外，宫里的外国陈设品总的来说并不是很好，它们多为中国官员从海外带回送入皇宫的，与精美的中国古董相比显得非常粗劣，一般都放在不常使用的房间内。

这时，太后已褪去朝服，换上了常服。待我将画放到画架上，太后便走了过来，认真地审视着画像。过了一会儿，她说自己两只手上都戴护指似乎不太美观，并摘下镶着珍珠和红宝石的金护指，露出右手。我很同意太后的这一举动，因为护指不仅破坏了画面上手的匀称，而且遮住了太后漂亮的指尖。当然，对于太后的装束我是无权置喙的。戴护指是中国上层妇女的特征，不过通常只戴在一只手上。

太后摘掉护指，又走到一个大花瓶前，采下一朵莲花并优雅地拿在手里，问我画上莲花是否合适，说这种花卉符合她的性格。如果加上这朵莲花，画面上的色调会显得不太协调，对此我心里虽然不以为然，表面上却只能推说还没有想好怎么去画。过了大约一个小时，平时的休息时间已到，我看出太后已有倦意，便请她先去休息，我再继续画一会儿。太后却说：不行，假如我坐着还累，你一直站着画，岂不更累？并说以后有很多时间，不用太着急，不能把自己累病了。

那天下午，太后仅坐了一会儿，便吩咐备船。我们到了岸边的大理石码头，宫廷船队已在下面待命，划桨的人都穿着蓝色袍服。我们再次登上了御用平底游船，太后坐在中间的黄色坐椅上，年轻的皇后和格格们则以土耳其人的方式，围坐在太后周围的垫子上。游船由两条小船拉拽前行，似天鹅般优雅，悠闲地浮游在静静的湖面。空气柔和温馨，轻

乐寿堂前御码头（水木自亲）旧影

风徐徐，两名太监在太后的吩咐下唱起歌来，那新奇的曲调伴着水面的沙沙声，在湖面上慢慢飘荡开来。回望船后美丽的西山，连绵起伏，色彩变幻莫测，忽而绿，忽而蓝。天空时而似利器劈出的青金石般湛蓝，时而又似紫罗兰色般柔和温暖。有时乌云掠过，天又会一下子暗得令人发慌。

山水相依，人仿佛游于画中，我已被这迤逦的湖光山色深深陶醉。远处轮廓清晰的大理石湖岸、一座座幻影般的弓形石桥、黄与绿相交织的琉璃瓦屋顶、朱红的宫墙和漆得发亮的廊柱，以及水面上静静划动的游船、高声歌唱的太监和被女眷簇拥而坐的皇太后……一切的一切都是那么新奇。而更为新奇的，是我竟然也成了这陌生美景中的一部分！

船在湖上游了一会，便靠了岸，我们跟随太后进了一个果园。苹果是中国人喜爱的水果，认为它既好吃又好闻，而且寓意平安，常常用作佛前供物，因此多少带有一些神圣的色彩。可是在我看来，这种苹果虽然形色俱佳，吃起来却不如中国其他水果。太后一边在园中漫步，一边让太监摘苹果，并挑了一只津津有味地吃了起来。显然，她感觉味道很好，于是也善意地递给我一个，并让我自己摘一些带回去吃。一个太监把我摘下的苹果收在篮子里，然后为我送回住处。

接着，我们又随太后步入花园。她采了几朵小花儿，像西班牙人那样插在耳后，并让贵妇们也学着她的样子去做，还亲自采了几朵给我插上。我想，太后这些表示友善的举动，并不一定完全出于对我的关爱，而是希望我这个“外来者”能够放松一些，同时提醒那些妇人和太监不要怠慢于我。

太后素爱鲜花，性情高雅，如今亲眼目睹，更感到与外界传闻判若两人。可以说鲜花时刻不离其左右，她的寝宫、御殿、看戏的御座间，甚至上朝理政、接见臣工的大殿内，都摆放着各种鲜花。而且无论冬夏，她的头上总是插着鲜花。闲暇的时候，她喜欢捧起一束鲜花，贴近自己的脸庞，啜饮花的芬芳，或用手轻抚花枝，似能感知花的灵性。置身于鲜花丛中，自然更是流连忘返。或许，她的内心常有忧伤或烦恼，需要从花中寻求慰藉吧。

中国人不是把剪下的花枝放入水中养护，而是喜欢插在无水的花瓶内，任其散发馥郁的花香。对于如何布置鲜花，太后总有些奇思妙想，她常把百合或茉莉的花冠放在浅盘中，用花朵组成星状图案，既美观又香气怡人。王公大臣们都知道太后爱花，于是便争相进献各种奇花异草，这也是太后永远不会拒绝的礼物。

在宫中，采摘新鲜的花果也有一定的规矩。虽然公主和其他贵妇对园中的花果可以自由采摘，但如果太后在场，未经她的许可，哪怕是一朵小花也不得擅自摘取。而得到太后允准，则被视为一种恩宠，所摘采的花果必然会像宝贝一样珍藏起来。宫内花木上的第一朵花，果树上的第一枚果实，地里长出的第一棵蔬菜，都被看作神圣之物，在太后亲自采摘之前，任何人不得乱动。

这些记述似乎有些琐碎，但从中可以看出太后的地位如同神灵，在各个方面都受到尊崇。

第五章　年轻的皇后与宫中贵妇

皇后是一位很有魅力的女人[1]，在宫中的地位仅次于太后。她的父亲是太后的亲弟弟，满洲八旗的一位都统。因此，她实际上是皇帝的表姐，比皇上年长三岁。她的母亲也出身名门，其家族在社会上享有盛誉。皇后自幼受到精心培养，并拥有进出皇宫的便利条件，可以经常与她威严、高贵的姑妈相伴，接受严格的中国传统教育。她在很小的时候就与皇帝订有婚约，但按照中国的传统，婚礼要在订婚若干年后才能举行。1889年2月，光绪皇帝亲政的前一个星期，在作为冬宫的紫禁城举行了隆重的大婚典礼[2]。

与太后一样，皇后步履轻盈，行动敏捷。她身高不足5英尺，手足纤秀，属于典型的贵族类型。长脸形，鼻子细而隆起，在我看来，眼睛比太后和皇帝更接近汉人。下颌较长而结实，嘴形略大而十分敏感。目光和善，表情亲切，举止优雅。她算得上端庄漂亮，高贵得体，有着与生俱来的魅力。不过，她的目光中有时却流露出某种无奈和顺从，使人不由心生怜悯。虽说我不能肯定她办事能力很强，但在太后不理政事的日子，她作为后宫地位最高的人，据说也能很好地应对和处理各种事务。高贵的出身、良好的教养与温和的性格，都为她的能力提供了保障。

1 隆裕皇后叶赫那拉氏，名静芬，生于同治七年（1868年）正月十日，副都统桂祥之女，慈禧太后的亲侄女。光绪十四年（1888年）十月五日被选立为皇后，次年正月二十七日大婚。光绪三十四年（1908年）被尊为皇太后，上徽号“隆裕”。1913年病逝，享年46岁。

2 光绪皇帝的大婚典礼在光绪十五年正月二十七日（1889年2月26日）举行，光绪皇帝时年19岁。

光绪皇后（卡尔绘）

光绪皇后

皇后之下是皇帝唯一的妃子瑾妃，据说在被选入宫中时相当漂亮。她出身名门，父亲是总督。我见到她时，她虽然只有28岁，但已经变成了身材矮胖的女人，原有的美丽几乎无存，只有那双大而圆的棕色眼睛，还保留着些许往日的清澈。她的鼻子扁平，嘴巴很大，胖胖的脸庞显得有些臃肿，额头上也看不出什么智慧的痕迹。总之，她的整个外表与高贵的身份很不相称。脾气似乎还好，但既不聪明又不善于待人接物，宫里的女人一般都不怎么喜欢她，更谈不上具有皇后那样的魅力。而皇后却非常友善，对她的关照程度总是在其他贵妇之上，因为无论如何，她在宫里的地位都仅次于皇后。不管什么场合，皇后后面一定是瑾妃，然后才是公主和其他贵妇。以前我经常听到后宫中嫔妃众多等说法，而今的后宫则有些名不副实，因为光绪皇帝一共只有两位后妃。

太后的侍女主要来自有着皇族血统的公主、格格，或者是亲王的遗孀。领班侍女四格格是总理大臣庆亲王的女儿，一位年仅24岁的寡妇。她16岁时嫁给了满族权贵直隶总督的儿子，婚后仅仅几个月，丈夫就去世了。这位四格格年轻漂亮，长着一张完美的鹅蛋脸和一双棕色的大眼睛，皮肤如同洁净的兰花，细嫩而光滑。无论以什么标准判断，都称得上是一个美丽的女人。她自己没有孩子，像大多数类似身份的寡妇或没有后代的人一样，领养了一个儿子。在中国，养子与养父母的关系要比西方亲近得多。一般情况下，这些孩子被收养时，其亲生父母还都健在，他们也会把养父母视为孩子的双亲，在抚养方面完全遵从领养者的意愿。

宫里另外两位贵妇也是寡妇，都是有爵位的贵族的遗孀。中国的寡妇不能再婚，否则便会失去自己已有的名分和地位。虽然她们不会像印度人那样，在丈夫死后自殉于火，但以身殉夫仍被视为高尚的行为。寡妇如能终生为过世的丈夫守节，不仅生前受到敬重，死后也会享有很高的荣誉。

寡妇坚持守节或女孩子终生不嫁，死后会有相当隆重的仪式，并获得建造纪念牌坊的殊荣。在全国的很多地方，人们经常会见到这样的贞妇、烈女牌坊。如果死者家庭经济状况不佳，无力建立牌坊的话，大家会共同出资修建，所有的亲戚都会捐上一份，而且常常是贞妇烈女所在的村、县居民出面募捐兴建。这些牌坊或石或木，雕工精湛，纹饰多以传统故事、神话传说，以及动物、花卉和各种鸟类为题材（鸟儿象征灵魂不朽）。坊额上雕刻着贞妇或烈女的名字，并涂以金粉或朱砂。牌坊的另一面，刻写着她的生平事迹。

中国女孩子订婚很早，甚至在6至8岁时便订立婚约，此后就是有丈夫的人了。只是成婚年龄，一般不会早于16岁。倘若未婚夫婚前亡故，这个女孩也不能再嫁给别人。她可以收养一个儿子，养子也会叫她母亲，但她却不能组织自己的家庭，享受婚姻生活了。只有这样，才不会

公主与格格，上图为大公主（卡尔绘）。

大公主（即荣寿固伦公主，恭亲王奕䜣的长女）

遭到无情的谩骂和谴责，确保自己的已有地位，进而获得相应的荣誉与尊重。在丈夫死后的前三年，她只能穿代表重孝的白色衣服，然后再穿次一等的孝服。终其一生，衣服大都为蓝色或紫色，而不能穿喜庆的红色、漂亮的绿色或其他鲜艳的颜色。

包括满族在内的中国北方妇女，都有在脸上搽胭脂和扑粉的习惯。但寡妇却不在此列，她们的脸颊不能涂胭脂，樱红的嘴唇也不能用口红，百合般洁净的额头也不能扑粉。而大多数化妆的女性，她们的肤质其实都很好，浓妆艳抹后看上去反倒很不自然。

常年侍奉太后的贵妇只有8人[1]，年节时人数大约会增加4倍。其中大公主作为太后的养女，在宫中的地位仅次于皇后和瑾妃。一次在太后宫中用晚餐时，四格格曾对我讲述公主、格格间的关系，及她们与皇后的关系。原来，她们同皇上或太后都有亲属关系。但谈到这层关系时，无论是皇帝还是太后的名字都不能提及，也没有哪位皇亲敢直言此事，否则就违背了中国礼制，犯了大不敬罪。有了四格格的这次解释，我对宫中各位贵妇之间，及其与太后之间的血统、姻亲关系，才有了比较清晰的了解。

宫里还有一定数量的宫女和年纪较大的女仆，她们常常被称作“奴才”。其实，这些人并非奴隶，或者说，她们即使是，也是有期限的，时间大约为十年。每年春季，八旗中地位较低的家庭，都要把符合条件的女孩送进宫里参选，届时由太后和皇后择定。一天进宫时，我在紫禁城北门附近看到很多普通的大车，后来得知这些车就是送女孩子进宫参选的。参选者先要由首领太监过目，从中选出一些能让太后看着顺眼的女孩儿。正式挑选时，她们依次从太后面前走过，太后就会告诉首领太监，哪个女孩可以留下。这些宫女年龄都在10岁到16岁之间，选中后要

1 卡尔进宫时，经常陪伴在慈禧身边的贵妇有：隆裕皇后、瑾妃、大公主（恭亲王奕䜣的长女，封荣寿固伦公主）、四格格（庆亲王奕劻的四女儿）、元大奶奶（慈禧的侄媳妇，即隆裕之弟未正式成婚的福晋）、德龄（前驻法国公使裕庚的长女）、容龄(裕庚的次女)、大臣荣禄之女（醇亲王载沣的福晋，宣统帝溥仪的生母）。

在宫里服役10年，期满后可以回到自己家中。一些得到圣上赏识和喜欢的宫女，出嫁时会得到宫里赐给的丰厚嫁资和各种结婚用品，婚嫁的条件要比宫外好得多。在宫中服务期间，她们的生活环境也比较优越，华服美食之外，还会享有很多恩惠。太后的宫女都穿蓝色长袍，扎着红丝绳的长辫子垂在身后，耳朵后面还插着美丽的花朵。皇后、瑾妃以及每位公主、格格都有自己的侍女和女仆，她们也都随自己的主人居住。

女仆则年龄较大，她们结过婚，也有孩子。在宫内，她们负责监督年轻的侍女和级别较低的太监，地位在某种程度上与西方的管家有点类似。在这些年长的女仆中有位汉族妇女，大约25年前太后曾患重病，依靠她的乳汁才得以痊愈。对此太后一直感念于心，将其长年留在宫内。这个女仆是汉人，因此也曾按照汉族的习惯缠足，太后甚至不忍看她那双缠过的小脚，便让她放足，并给予特殊的关照。如今，她已能行走自如。她的儿子也因太后资助受到了很好的教育，目前在一个衙门里当差。

在中国，大凡有身份的女人都不自己穿衣梳头，而要由三四个贴身侍女来服侍。很多侍女都是买来的，虽然身份类似奴隶，实际上女主人却对她们非常友善，一般都会得到很好的关照，生活得很愉快。她们被主人买来时年龄很小，需要陪伴的女主人一般也尚在幼年，主仆一同玩耍，一起长大。虽然侍女从来不会忘记自己的身份，但与主人却相处得十分融洽，其关系远胜于欧洲的侍女与小姐。

不论什么时候，也不管有多少侍从，贵妇的第一贴身侍女总是站在自己身后。外出时，她们与主人同坐，晚上与主人同睡一房，或睡在主人卧房的外间。贴身侍女几乎与主人时刻不离。到了出嫁的年龄，女主人会为她们陪送齐全的嫁妆，婚后仍会继续给予关照，甚至惠及她们的后人。而这些奴仆的后代，实际上是完全自由的人，除非父母再把他们卖了，卖到一个好人家。

第六章　继续画像　太后的爱犬

每次为太后画像，总是有很多宫里的人围拢观看。按说，太后同意每天上午画一小时，下午再画半小时，时间应该比较充裕。但每次都要在她摆好姿势后，才允许我动笔。这就影响了画像的进度，因为有很多工作要在她不在的时间里来做。虽然殿里不时有人走来走去，经常妨碍我的构思，但在精美的家具、新鲜的花果所构成的太后熟悉的环境中为她画像，还是相当有利的。当然，如果太后坚持我的工作时间必须与她一致，或者只有在她摆好姿势后才能动笔，那么画像的进度就很难得到保证了。而且太后总是把画像当作一种娱乐，经常坐在宝座上轻松地聊天，向我询问各种各样的问题。看来不仅我希望了解太后，太后对我同样很感兴趣。

太后的确是位魅力非凡的女性，我研究和了解她的兴趣越来越强烈，很喜欢在她放松下来，不再专注于政务，像佛般端坐的时候，观察她那丰富多变的表情。她口齿清晰，声音悦耳，没有一点岁月的痕迹。虽然我听不懂她的语言，但那音乐般的声音、优雅的手势和姿态，以及那充满魅力的微笑，都使我感到看着她和听她讲话，是件让人愉悦的事情。

太后似乎很喜欢我，这让我感到十分欣喜。她的安排非常周到，为了不让我在工作上过于劳累，时常带我游览风光迤逦的颐和园，并让我随她一同在园中漫步，参与宫中贵妇的娱乐活动。可是，我还是希望能尽快完成画像，因为“帝王的宠爱”很难长久，我担心哪天太后会对画像的事感到厌倦，或者有人公开反对外国人随意进出宫廷，认为此事违背中国传统，那么我的工作很可能被勒令停止。尽管我对此时常怀有惴惴之心，希望推进工作，但画像的进度依然很慢。这对于我在宫内度过的近乎完美的神仙般的日子和独一无二的经历而言，是唯一感到遗憾的地方。

陪同太后散步，场面也像湖上泛舟一样壮观。太后、皇后分乘六人抬的黄色缎轿走在前面。接下来是公主、格格和宫女的红色轿子，按各自的身份排列有序。最后是太监、轿夫等人。每次随太后出行，事先均无人知道前往何处，太后一边走一边指点轿夫前行，其余的轿子都跟随其后。而所到之处都是景色绝佳之地，非常值得一游。待太后落了轿，其他人也随之止轿。太监们支起黄色伞盖，设好御座，众贵妇下轿后都纷纷走上前来。这时，太后又总是饶有兴致地把各种美景，诸如鲜花、

慈禧在乐寿堂前与众贵妇、太监等合影。前右为李莲英、左为崔玉贵，地上伏着她的爱犬。

庭院及相关建筑等，向我们一一指点，似乎兴致极高。

一次陪太后在园中散步，太监把她的爱犬也带了出来。中国人一般都喜欢养狗，太后也豢养了一些京巴和𫊸犬（一种苏格兰长毛短腿猎犬）。这些狗在宫中得到精心培育，品种都比较纯正，在宫里又受到精心喂养和训练，身上的长毛丝般顺滑，并且具有很高的智商。据说查尔斯王西班牙猎犬最早就是从带到欧洲的第一批中国犬中选育出来的。太后的爱犬共有数十只，其中有两只最为得宠。一只是𫊸犬，聪明伶俐，很会耍花样，太后让它装死，它就躺在地上一动不动。除了太后之外，别人怎么叫都不理睬。另一只是漂亮的北京巴狗，浅黄褐色的毛，水汪汪的眼睛又大又亮，对太后非常忠诚，所以很招太后疼爱。据说它小的时候很难调教，太后叫它“傻子”[1]。太后给这些狗都起了十分恰当的名字，它们只认太后的声音，哪怕是轻轻的一声喊叫，都会乖乖地听命。太后不喜欢袖型狗，她讨厌那种为了不让狗长大，而只喂它们甜食和酒的做法。也无法理解那种只顾自己娱乐，却限制动物正常生长的行为。

那天，在花园里，我第一次看到这些可爱的动物。它们见到太后就欢快地向她跑去，又跳又叫，全然不顾其他人的存在。太后怜爱地拍着它们的头，亲切地与宠爱的狗说着话。过了一会儿，它们似乎注意到还有陌生人在场，有几只开始向我咆哮示威。还有几只表现得怯生生的，既像很吃惊，又像有些害怕。很快，它们感觉到我并无敌意，又开始摇着尾巴向我示好。看着这些可爱的小动物，我不由高兴地弯下身子去抚摸，一时竟忘了自己所处的环境。一会儿，我抬头随意看了一眼，怎么也没想到太后正在默默地注视着我，因为我是在她的后面，并且保持有一段距离。我第一次看到她的脸上闪过一丝不悦。原来这些狗除了太后之外，眼中从来没有别人，她似乎不喜欢自己的宠物向生人示好。注意到这一点，我马上站起身来，没过多久狗就被领走了。阴影仅在太后脸

1　根据英文音译。

上停留了瞬间，我很理解这种感觉。一个人不希望自己的宠物同陌生人太过亲近，我却急着想与它们交朋友，做得的确有些不够得体。

几天后，我们再次与太后一起散步时，有人送来了一些小狗。太后先是抚摸着狗妈妈，又仔细品评小狗，然后把我叫到跟前，问我最喜欢哪只。这次尽管我没有表现出太大的兴趣，她却坚持让我仔细观看，并一一介绍这些小狗的品种如何优良。太后似乎已经觉察到上次的表现有些失当，想要趁机做些弥补。

宫里的狗舍非常漂亮，地面上铺着大理石，上面有绸缎睡垫。有专门的太监负责养狗，白天带它们在户外活动，并定期给它们洗澡。宫里的狗大约有几百条之多，皇后、公主、贵妇甚至太监，都有自己的狗。有些太监还是经验丰富的养狗行家。有人甚至养过袖狗，只因太后不喜欢，这种狗才慢慢在宫中绝迹。除了太后的爱犬之外，别人都把狗养在自己的住所内，太后一般不会看到。

太后不喜欢猫，但有些太监还是偷偷地养，而且品种很好。他们把猫秘密地养在自己居住的宫院里，不能被太后发现。

太后在颐和园的狗舍离她的御殿不远，距我在园内的住所也很近。每当别人午休时，我常常去狗舍转转。狗在院子里晒着太阳，我看着它们的可爱模样，并同它们一起玩耍。除了照看狗舍的太监，没有人看到我来这里，因此总是玩得十分开心。

其中有一只小狗引起了我的注意，它就是那天被带到太后跟前的小狗之一，也是我最为喜欢的一只。这是一只漂亮的北京巴狗，长着白色与琥珀色相间的皮毛。它也很快认出了我，每当我迈进院子，它就高兴地朝我跑来。

就在我发现并经常光顾狗舍后不久，一天，我们刚在太后宫中用过晚餐，一个太监带来一只小狗并放在我的怀里，说太后把它送给了我！显然，太后早已知道我去狗舍的事，虽然我自认为她身边的太监没有发现。我很高兴能够拥有这只可爱的小东西，所以当太后从卧室来到宝座间时，我就走上前去亲吻她的手并表示感谢。看到我如此喜欢这只小狗，太后好像也很高兴，说知道我喜欢，故此相赠。并说可以叫它“蜜蜡”[1]（金色的琥珀），因为它身上长着琥珀色的斑点。随后，这只小狗便与我片刻不离，不管别人怎么引诱，它都毫不理睬。见此情形，太后和公主、格格全都乐坏了。从那天起，它就成了我在宫中的忠实伴侣和真诚的朋友。

1　根据英文音译。

第七章　宫中节庆

宫里正在为皇帝的生日——万寿节进行各种准备，但庆典并不是在皇帝生日当天举行，而是要提前两天。因为万寿日后第三天，还要举行祭祖典礼，此前皇帝须斋戒三日，万寿大典不能在斋期进行，所以只能提前。祭祖在中国又是最为重要的大事，时间绝不能随意更改。因此，在两宫皇太后垂帘听政时便颁布了一道法令：皇帝万寿典礼提前两天。又按中国礼仪，先皇去世后两年之内，现任皇帝不能过生日，以示对逝者的敬重。

我想在万寿节这样重要的日子里，太后肯定顾不上画像的事，自己正好借此机会回一趟美国公使馆。因为我从来没有奢望会被邀请参加贺寿的活动，到今天为止还没有看到哪个外国人得到过这样的待遇。可是，大约在万寿节前的一个星期，我们与太后一起散步时，她把我叫到一边，说皇上的万寿节就要到了，要我留在宫里参加庆祝活动。对于太后的惠爱，我真是大喜过望！能够亲临这样的东方盛典，心中充满了难以言表的喜悦。

庆典就一定要演大戏，还会施放绚烂的焰火，布置各种排场并进行露天表演。宫里的戏班子正在排练用于庆典的吉祥诗文和新剧目。太监们往来穿梭，忙着把秉承太后旨意绘制的各种装饰图样、画稿送给她审看定夺，或者请示接下来要办的事情。准备赞礼文稿的人，也把稿子呈给太后，请其审定并提出修改意见。太后事无巨细，都要亲自过目，似乎没有半点厌倦。她把每个细节都安排得非常妥帖，不容

从大戏楼看颐乐殿，此殿即卡尔所说的“御用观戏楼”。

许出现任何纰漏。

在皇帝生日的前四天，万寿庆典便随着大戏开场了。装饰一新的宫苑，每天仍在不断增添各种陈设。在一些重要的场所，陈放着只有大典中才使用的各种乐器，并配有精美的支架。这些乐器包括青铜编钟、玉石编磬，以及特磬、铜钹、大鼓等等，种类繁多，制作十分精巧。

大殿前檐扎有向上翘起的彩饰，垂着成串的红黄相间、偶尔也有其他颜色的丝绸彩球，每串长度大约两英尺。黄色为帝王之色，红色代表喜庆，都是节日中使用较多的颜色。御门前的广场上，树立着许多黄缎大伞，上面绣着各种吉祥图案。这种伞在所有的盛大节日、典礼中都要使用，通常为红色。从大清帝国的四面八方，为皇帝送来了许多寿礼，尽管每件礼物都按一定规矩摆放，但看上去仍然显得有些杂乱。

大戏终于开场了，太后几乎一整天不离戏楼，仔细审查戏中的每一个细节，一名太监来来回回奔走于戏台和太后之间，传达太后对戏文、甚至戏中某个姿势的修改意见。这天，太后邀请我和宫内所有的贵妇共进午宴。她先在戏楼独自用过午膳，然后吩咐将我们的午宴摆在庭院当中，所用之物、场面布置及华贵程度，都尽显皇家筵宴特色。

每年从6月开始，颐和园里的大部分庭院便用芦席搭建凉棚，准备避暑了。凉棚就像舒适的户外客厅，置身其中，感觉十分凉爽惬意。它们高达二三十英尺，超过宫殿的顶部，搭建得十分艺术。具体做法是先在庭院四周竖起高高的立柱杆，柱顶搭建横梁，柱杆、横梁都绘有喜庆华丽的图案。横梁之上铺着工艺精妙的漂亮席子，侧面的席子从棚顶一直铺到地面。所有的席子都可卷起，通过拴在柱杆上的绳索控制，便于通风。整个棚子以立柱和横梁作为支撑，再用与横梁颜色相同的绳子拴紧，不使用一颗钉子。到了秋高气爽的9月，凉棚便可以拆除了。

万寿庆典前的一个星期，每天进宫祝寿的贵妇就逐渐多了起来。她们中有远道而来的皇族成员，也有其他满族权贵的福晋和女儿，皇后向我一一介绍每位来宾。一个外国人出现在中国皇宫，较之中国人出现在欧洲宫廷更容易引起轰动。换句话说，这些公主、格格大都没有见过外国人，可她们全都表现得彬彬有礼，热情有加。对我的穿戴和习惯，也没有表现出一丝大惊小怪。倘若一个中国人在欧洲宫廷或美国白宫，不知能否受到这样的待遇——即使是对待像我这样受雇于皇室的服务者。随贵妇进宫的还有一些孩子，他们也同大人一样，对“外国女士”表现得很有礼貌和教养。

午宴结束后，当天的戏也唱完了，演员们陆续离开。我趁机走近戏台，饶有兴致地仔细观察这座建筑及其各种设施。戏台高约12英尺，主层与对面的观戏楼层持平。整个戏台由地上三层和一个地窖组成，后者用于储藏少量舞台布景，并设有用来搬运它们的简单装置。戏台三面开敞，与希腊舞台相似。演员从左侧入口上台，从右侧出口下台。

这时太后还没有离开观戏楼，而且显然已经注意到我在戏台前徘徊。只见太监打开大门，太后随后走出御用观戏楼，穿过院子朝我走来。她问我是否有兴趣登上戏台看个究竟，并说："你以后可能再也没有机会，看到这么好的中国舞台了。"说完就竟自从院子里登上了戏台的台阶，并让我跟随其后。

戏台面积大约25英尺见方，上面有顶。其中一面紧邻院墙，另外三面朝向院子。靠墙的一面两侧有门，门上挂着帘子，为演员上下台的出入口。中国没有女演员，戏中的女角均由男演员扮演，这一点让我非常惊讶。戏台后部，设有乐师的伴奏座位。

太后又领我们走进后台，那里摆放着很多彩车及各种模型，都是专门为万寿庆典表演准备的，而且均出自太后的设计。看完这些道具，太后建议我到戏台的二、三层去看看。上两层戏台在一般的中国戏剧中是不用的，主要用于大型戏剧和舞台造型。楼梯设在背景的后面，太后一边往上走，一边向我介绍。和我一样，太后也轻松地登上陡立的台阶，可我穿的是舒适的欧洲鞋子，而她则穿着足有6英寸厚的高底花盆鞋，走起路来像是踩高跷。

太后同所有的满族妇女一样，也是天足。早在满族进入中原之前，汉人就有缠足的风俗。满人接受了汉人的很多风俗习惯，同时也保留了一些自己的习俗。直到大清成立250年后的今天，满族女性依然穿着完全不同于汉族服装的满装，留着漂亮的满族发式。她们永远也不会缠足，对缠足的厌恶程度与欧洲人没什么两样。对于这类僵化、呆板的社会习俗，满族妇女不会像汉族那样恪守。与其他东方女性相比，她们有着更多的自由，受到的限制很少。如同现代美国妇女不同于她们的欧洲姐妹一样，满族妇女也不同于别的东方妇女。

第八章 光绪皇帝

光绪皇帝18岁时，已到清朝皇帝的执政之年，垂帘听政的慈禧太后把政权交给了他。太后在撤帘归政时，曾给这位皇帝下了一道懿旨，要求他“修身养性，勤政爱民”[1]。光绪皇帝则请求太后继续辅政，并保证自己“决不敢有丝毫懈怠”[2]。在祭祀天地、祖先之后，光绪终于在他登极后第十三年的阴历正月十五日（1889年2月25日）亲政。“光绪”这个年号并非皇帝钦定，而是由臣下代为选择的，应具有重要的或某种象征意义。

光绪是大清第12代[3]皇帝，5岁登极，由东、西两宫皇太后共同垂帘听政。东太后慈安于1881年去世，此后便由慈禧太后一人代理朝政。如果加上太后代理朝政，光绪朝已经延续了30年，时间之长在清代皇帝中位居第三。

我第一次见到光绪皇帝时，他已近32岁，我发现他的个人魅力不及太后，不过却是一个很有意思的人。从外表上看，他是一个典型的东方人：身材匀称，姿态优雅，身高大约5.4英尺，头形极佳，眉宇间透露着文气，一双棕色的大眼睛，眼睑有些低垂。与大多数皇族成员一样，他也是高鼻梁，即所谓的“富贵”相。口阔，唇薄，上唇曲线略显傲气，下唇略微靠前。瘦削的下颌线条分明，比前额略微突出。胡须修剪

1 根据英文意译。

2 根据英文意译。

3 应为清朝第11位皇帝，也是清军入关后的第9位皇帝。

光绪皇帝便服像（清宫廷画家绘）

得非常干净，似有一种苦行僧的味道。据说满人不喜欢剃须，但按照中国传统，男人40岁前不能留胡子，即使贵为天子也不例外。他的皮肤不像其他皇室贵胄那样白皙，但却长发如漆，有着丝绸般的光泽，因为满人非常注意头发的养护。光绪皇帝的手脚都不大，手指纤长，富有表现力。总之，他的身体看起来虽然有些虚弱，但内在的力量又似乎很强。

光绪皇帝衣着简朴，除了一些重要场合，几乎从来不使用任何饰物。他性情温和，但从那低垂的眼睑之下，却不难发现蕴含其中的精明与智慧。他个性腼腆，不善交际，但这并不是因为缺乏自信或魅力不足。实际上，他对事情的看法总是表现出很有把握的样子。

在我眼里，光绪皇帝是一位我想象中的理想的东方君主。他的微笑就像斯芬克斯之谜，令人难以琢磨。从他的目光中，可以感觉到一种平静、坦然，同时又包含着一丝冷眼看世界的傲慢。他凝视时让人难以捉摸，表现出“东方精神”的气韵。起初，很难说清楚他的这种状态，是否反映出因为大权旁落而表现出的郁郁寡欢？但从那坚毅自制的表情和敏锐的目光，却可以看出他内心的抱负与力量，以及希望有朝一日大展宏图的愿望。他的脸上传达着这样一种情绪：一种自我压抑的，几乎是消极的精神状态。

他梦想有朝一日再度成为一个伟大的君主吗？第一次改变中国的尝试失败了，现在只能隐忍与等待。然而，再展雄心的机会就一定会到来吗？不可思议的人，真是难以揣测。他仿佛已经完全意识到，当初的改革选择了错误的时间和错误的方式。那双扑朔迷离的眼睛蕴含着足够的耐心，显示出他的改革决心未变，眼下只是在等待机会的到来。

没有任何迹象表明皇帝对太后有忌恨之意，两人关系相当友好。虽然他们之间必须严格遵守礼数，但这是两人的身份使然。即使在1898年，皇帝的改革受挫，他也不认为太后在这件事上应该负什么责任。不是太后阻止了他的变法之梦，而是中国朝廷中的保守势力，一些大权在握的高官联合起来，在他施行新政时设置障碍，才使变法维新归于失败。

在朝臣的一再恳求下，太后再度垂帘，重掌朝中大权。太后也认为面对当时中国时事艰难和因循守旧的国情，光绪皇帝主张的政治改革过于冒进。太后觉得如果让皇帝继续按照自己的主张做下去，他和国家都会十分危险。光绪好像也意识到了这一点，他那深不可测的眼神中，仍然隐藏一种对于变革的期待。他的沉默可能就是为了寻找机会，一旦时机成熟，相信他便会一跃而起推行新政，哪怕是再次遭到失败。

现在，光绪皇帝仍然拥有一定的权力。他可以召见大臣，单独会见官员，也可以不必经过太后独立发布谕旨。但是，一切重大事务或内阁会议，太后总是在场，最后的决定都是二人合议产生。太后与皇帝同时在场时，折子总是先递给太后，太后过目后再递给皇帝。皇帝经过仔细阅读，再交还给太后，一般不加任何评论。人们知道，这不是因为皇帝不会理政，而是信任太后，认为她的阅历比自己丰富。

虽然皇帝推行新政的时机尚未到来，但他仍然对国之社稷保持着密切关注。可只要是与太后同时临朝，我想他就不会试图提出自己的重要主张。他知道，太后同样希望中国富强，只是方式较为保守，与他的期待存在着差距，但最终的结果会是好的。皇帝对太后似乎完全信任，凡事都希望由她来做主。他知道，而且全世界也将很快看到，太后同样致力于推进中国进步，赞成中国的改革。现在就恰逢其时，太后后来颁布的旨令也说明了这一点。

光绪皇帝的寝宫玉澜堂“藕香榭”

强国富民的变法维新，能否在光绪一朝实现？或者说，光绪能否等到他为之奋斗的改革再度实施，最后取得圆满成功？目前谁也无法预测。而今，他仍然要严格履行一个皇帝应有的职责，并与所有帝王一样主持着祭祀典礼。

光绪皇帝的寝宫面临昆明湖，与太后寝宫同样典雅、华丽。他有自己的太监和仆从，过着独立于太后和其他贵妇之外的生活。每天早晨上朝前，都要向他“威严的姨母兼养母”请安，然后一起上朝处理国家政务。下朝后，他就回到自己的寝宫，做着自己愿意做的事情。逢年过节，如果有戏上演，皇帝会去戏楼陪太后看戏。在那些日子里，皇帝会同太后及众贵妇一起在园子里散步，坐船游湖，并与太后一起用膳。他不像太后那样喜欢看戏，看得那么投入，常常在戏演到一半的时候就离开观戏楼，走到后边自己的御座间，在那里读书或抽烟打发时光。而这样的事，他永远不会当着太后的面去做。

皇帝每天的时间大多用来学习，其中也包括学习英文。他非常喜欢看书，宫里有一个专门负责为皇帝买书的官员，而且并非闲职，因为皇帝不仅读中国文学和古典书籍，而且爱看外文译作，会不断地让这位官员去买书。据说政务余暇，他每天要读上一本书。皇帝还酷爱音乐，能演奏多种中国乐器，甚至还学过钢琴。他乐感极佳，大凡听过的曲子都能演奏出来。他的聪明还表现在机械方面，可以把钟表的部件拆散，然后再组装起来，并且装得完好如初。不过，当太后得知他曾把宫里非常复杂的钟表拆散后未能复原，便整日担心他也会把自己心爱的钟表拆散，最后无法恢复原状。况且，皇帝还不让别人帮他组装拆卸的钟表。

皇帝习惯于早起，常常凌晨2点便已起身。在北京城内举行祭祖等典礼时，大约要走16英里的路程，典礼后他还要赶在早朝前回宫。早朝8点开始，轿夫必须飞快地行走。即使这样，从北京和颐和园也需要两个半小时。

皇帝对周围的年轻人，无论男女都毫无兴趣。虽然他很喜欢孩子，但在宫里却鲜有喜爱的对象，尤其不愿理睬太后身边那些随侍的漂亮女子，但对聪慧者似乎尊重有加。

太后、皇帝虽然同为尊贵之身，但在相同的场合表现却不尽相同，这让我感到很是好奇。太后作为长辈，凡事都居于首位。上朝时，太后坐在宝座上，皇帝则坐在她左侧的凳子上。他们一起外出，皇帝在太后的轿子旁步行。只要太后在场，皇帝总是站着。但二人一起用膳时，皇帝却坐在桌子的一端，而这个位置又最为尊贵。太后单独用膳，筷子、汤匙和黄色瓷盘上的盖子为银质，而与皇帝一起用膳时，二人的这些用具又同为金质。我不知道皇帝单独用膳时，盘盖儿、筷子、勺子等是什么质地，因为那时他总是在自己的宫里。我只从皇帝寝宫的外面走过，至于宫内是什么样子，却从来没有见过。据偶尔去过的贵妇们讲，那里的陈设品位并不高，不太符合他的皇帝身份。

皇帝在园子里散步时，只带着自己的随从，不像太后那样动辄大队人马。他散步的地方，贵妇们都很少前往。过节时皇帝也坐着御用游船外出，或与太后及贵妇一同散步。这时他虽然风度依旧，但似乎并无兴致，散步结束后便马上与随从一起回到自己的宫里。太后接待外宾时，他虽然也出来辅助太后，但知情者都可以看出，他对参加这类活动并不情愿，所以一有机会就会很快溜掉。当然，这并不是因为他对外国人存在什么抵触，只是对参加礼宾活动没有兴趣，而太后则更愿意让他到场。虽然他从未因此表现出什么不愉快，但这似乎仅仅是为了尽到皇帝的职责而已。光绪皇帝不愿出席礼宾活动，究竟是出于腼腆还是另有原因，我一时很难说清。

第九章 皇帝的生日

皇帝陛下生日那天，我们早早进了皇宫，6点钟就已经到达太后宫内了。万寿大典开始前，宫外停满了皇亲国戚乘坐的红、黄色轿子和大车，它们来自北京城内或附近宫苑。高级太监都穿着节日盛装——漂亮的丝绸长袍，上面绣着双龙图案[1]。级别较低的太监穿着则比较简单，因为双龙图案只有级别很高的太监才能使用。给我们抬轿的轿夫，身上也罩着一件喜庆的红色轿服，上面织有“寿”字图案。

我们穿过多座装饰华丽一新的宫殿，来到太后寝宫的宝座间内，皇帝将在这里接受皇族公主、格格和宫中贵妇的祝贺。按照中国礼制，这些女眷是不能进入皇帝寝宫的，即使万寿之日也不例外。我们走进大殿时，皇帝正斜倚在长榻上，一副很随便的样子。他并非不愿意像太后那样坐在宝座上，而是出于东方民族的习俗。正如俗话所说“站着不如坐着，坐着不如躺着”。看见我们进来，皇帝稍微坐直了一些。宫中女眷按正式的中国礼节向皇帝行礼，皇帝和善地微微点头示意。我则按照通常的欧洲礼节向皇帝表示祝贺。

皇帝这天的装束比平时稍微华丽一些，明黄缎的礼服，细细的腰间系一条漂亮的带有玉扣的腰带。早晨女眷前来行礼时，皇帝的帽子放在身边的坐榻上，表示这时的礼节是非正式的。而在正式的礼仪场合，上自皇帝下至普通官员，帽子都是戴在头上。皇帝在万寿节戴的那顶帽

1 应为蟒纹。

光绪皇帝朝服像（清宫廷画家绘）

子，帽扣是一颗硕大的御珠。朝中7个品级官员的帽顶，用不同质地的帽扣缀之，以区别其等级。按照清朝制度，有些满族的王爷是世袭的，他们的帽扣用珠宝或半透明的宝石制成。光绪皇帝是我在中国见到的衣着最简单的人，他平时的帽顶都使用纯红丝质帽扣，只有在正式的国务活动中，才会戴以珍珠做帽扣的帽子。

向皇帝行过贺礼，我们便走进宝座间的里面，恭候太后。太后刚出寝室，贵妇们便一齐跪下请安，口中重复着每天早晨同样的问候："老祖宗吉祥！"[1]太后略作回答，便向我伸出手来，我握着她的手并举到唇边轻吻了一下，这几乎已经成了我在宫中的习惯。在这里，我一直以欧洲礼节向皇帝或太后表示问候。太后仪态万方地说，我是第一个有幸亲历大清天子万寿节的外国人，希望我能喜欢这一庆祝活动。说完，她先是对我的穿戴和首饰评论一番，然后向周围的福晋、格格们飞快地扫了一眼，把她们穿的朝服看了一遍，提醒她们注意朝珠的佩挂方式，并纠正其穿戴方面的每一处瑕疵。太后向来要求严格，对朝服的所有穿戴细节都一丝不苟。

贵妇们的朝服相当华丽，万寿节时所穿的长袍为笔挺的半透明状丝绸制成，质地与太后画像时所穿袍服的衣料相同。已婚妇女的朝服为暗红色，上绣金龙图案。寡妇穿蓝色，未婚女孩儿穿鲜红色，都绣着双龙图案。已婚及丧偶的贵妇在庆典中身穿朝服时，还要戴嵌有珠宝的华丽头冠。年轻女孩子即便穿朝服，也只戴普通的满族头饰，上面缀着红色的丝线流苏，垂至肩部。在皇帝的万寿节里，最娇媚迷人的装束非皇后莫属，她的头冠为金丝镶嵌工艺制成，密密地嵌着宝石。冠上有9只凤凰，凤嘴所衔串珠掠过前额，垂至双肩，头饰两侧插有花束。皇后袍服为明黄色，绣着金色双龙图案。颈部带着金领约，形似一只带有开口的大圆环，端部饰有一组小珠。颈下是精美的刺绣佩巾[2]，宽约4英寸，长度正好垂至衣袍边缘。皇后的这种佩巾，只有皇帝在世时才能佩戴。皇后戴着朝珠，这也是官员、王爷及其福晋穿朝服时的必戴之物。这天只有皇帝和太后例外，他们既没有穿双龙图案朝服，也没有佩戴朝珠。年轻皇后似乎相当高兴，我第一次看到皇帝同她说话。地位仅次于皇后的

1　根据英文音译。

2　应为彩帨，清代后妃等朝服上的佩饰，以颜色和纹饰区别等级。

瑾妃，穿着与皇后相同，同样的朝袍、头饰和刺绣佩巾，只是首饰不是特别漂亮，袍子的颜色并非明黄而是橘黄。因为明黄色服装只有皇后才有资格穿用。

在太后宫内向皇帝致贺完毕，太后走到院子里，坐上正式典礼中使用的黄色轿子，皇上则像往常一样在轿旁随行。宫乐奏响了，钹声伴随着笛声和其他宫廷乐器的声音，这是由皇家乐队吹奏的小调音乐，曲调新奇，略带悠扬的低音，旋律有点像格利高里圣歌。这种乐曲只有在大型礼仪活动中，皇帝、皇后走过时演奏，我把它称作“皇朝颂”[1]。这也是我在中国时，唯一一次近距离听到的国家大乐。

太后、皇帝在浩荡的仪仗伴随下走向上朝的大殿，在那里将接受亲王、贵族和朝中大员等权臣的祝贺。除了这些拥有进殿恭祝皇帝万寿的特权人物外，还有很多没有资格进入大殿的文武百官，他们只能跪在殿外的庭院中。

皇后和宫中贵妇没有跟随太后和皇帝进入大殿，而是来到皇后宫中，等待朝堂上的贺礼结束后，再向皇上正式贺寿。在我们等候期间，皇后，这位可爱的女主人命太监、宫女招待我们喝茶和抽烟，还把她的狗带上来让我看。皇后寝宫前是一个阳光充足的院子，院内满是小花坛和果树，另外三面的屋舍供其仆人和宫女居住。

皇帝接受百官朝贺时，仪态威严地坐在象征皇权的宝座上，如同一尊令人敬畏的古代雕像。此时，他独自一人坐在先皇遗留下来的宝座上，不再是一个腼腆的男孩，而是被赋予了全权的君主。主持典礼的大臣身着盛装，按照典礼的规定恭立于旁。

每位身着补服顶戴的王公贵族，都按照礼制向皇帝下跪叩首，并进献玉如意。“如意”是中国特有的一种物件，被很多外国人误认为是君主的节杖，实际上它只是吉祥的象征，并不代表皇权，在节日里可以送

1　根据英文意译。

给任何自己尊敬的人。皇帝每接受一柄如意，都在手中拿上几秒钟，并向给自己磕头的臣子躬身示意，然后将其交给身边的太监，放在皇帝左侧的龙案上。待王公贵族礼毕离开大殿，皇后、皇妃便率福晋、格格等其他宫中贵妇走上前去，正式向皇上行祝贺礼。之前在太后御殿内的祝贺，气氛轻松友好，属于非正式仪式。现在皇后则先跪下叩头，然后恭敬地递上如意。其他贵妇也都像皇后一样，只是所献如意远没有皇后的贵重。

正式贺寿礼仪结束后，太后、皇帝、皇后前往戏楼，众贵妇、侍从跟随其后，场面之浩大、礼仪之隆重，与登殿受贺时的情形不相上下。在宫里，太后的服饰一向最为华贵，但在皇帝生日这天，她的穿戴却异常简单，几乎是一身素装，没有佩戴一件首饰。太后这样的装束并非偶然，显然是出于刻意安排。因为她希望在这个喜庆的日子里，皇帝和皇后能够成为众所瞩目的核心，即便在穿戴方面，自己也不愿超过皇后。

所有进宫参加万寿庆典的王公贵族，都被邀请到戏楼看戏。他们的座位被安排在观戏楼的右侧廊房，正如我在前面所说，戏台两侧的廊式建筑是王公大臣看戏的地方。一块高约12英尺的巨幅彩绘帷幔，从他们看戏的位置一直伸展到戏台，这样看戏者既可以完整地观看台上的表演，同时又无法看到太后、皇上及皇后看戏的御座间。[1]

太后与皇帝、皇后落座后，主要演员先走到台前，向圣上下跪磕头。接着大戏开场，一种怪异的音乐突然奏响，一名演员上台诵读赞辞，祝愿皇帝万寿无疆。那首用长音调吟诵的赞美诗，听上去就像圣歌，朗诵者穿着忽必烈时代帝王使节的装束。诗的内容非常感人，其中有一段是这样的：先皇之丰功，世代相传；谢主之圣明，乐享太平；从

---

1 在颐和园德和园戏楼看戏时，两宫坐于颐乐殿正间，王公大臣按品级坐在东西各楹内。届时张挂大幕两块，一块由北向东，另一块由北向西，名曰“隔坐”。这样王公大臣便看不到太后与皇帝，只能观看戏台上的表演。这时，他们可以脱去朝服，或自由活动，或谈话或休息。戏终，撤去大幕，各大臣仍须重整衣冠，向两宫行礼。光绪万寿节在德和园演戏为时两天，慈禧太后万寿日则演戏三天。（参见《梦蕉亭杂记》）

戴夏季头饰的皇妃（卡尔绘）

瑾妃

明君之训，锦绣前程……[1]接下来是叙述皇上身为人子的美德，赞颂他对太后这位母亲的敬重、孝顺与虔诚。诗的结尾，恭祝伟大的中国繁荣昌盛，日益富强。

随后，身着古代盛装的演员同时出现在三层舞台之上，又一阵喧闹的音乐过后，大戏正式开场。在中国戏台上，戏总是一出接着一出地表演，甚至可以不间断地从早唱到晚。开场戏一般较短，大约一刻钟到半小时。而今天，诵读赞辞后正戏便马上开始了。这是一场大型历史剧，内容主要是赞颂先皇的辉煌业绩。演员服装蔚为大观，均按照真实的古代服饰制作，看上去十分逼真。

时间已近11点半，台上仍然热闹非凡。太监在御座前摆开桌子，上面放了些甜点等食品，皇后、福晋和格格们看戏的廊前也都放置了食

1 根据英文意译。

物。我们面前放的是点心、饮料等。在中国，两餐之间要加食甜品和水果。今天的甜点是为皇帝万寿特制的生日食品，食物上都有寓意吉祥的字样，如“长寿”、“吉祥”、“幸福”、“平安”等等。其中，美味的水晶饽饽是中国人最擅长制作的食品，果冻、果仁糊、杏仁奶以及各种应季水果。除了这些小吃外，还为我们准备了美味的中国葡萄酒。

用过甜点不久，我们就在戏楼院内开始了正餐。由于是皇帝的生日，公主、郡主和远道而来的有身份的贵妇，人数要比平时多4倍以上，所以今天的餐桌特别大。宴会进行得非常愉快，中国人机智热情，谈吐风趣，虽然我不能完全明白她们谈笑的内容，但也被那种快乐的氛围所感染。每个人都向我推荐她们喜欢的食物，都尽量让我这个“陌生人”感到轻松。有人为了表示欢迎，还朝我举起斟满香槟的酒杯，想必她们见过外国人的祝酒礼节吧。年长者离席后，年轻人才坐下来用餐。这些年轻人都是贵族的孩子，是跟随父母进宫参加庆典的。但在盛典筵席上，16岁以下的孩子，不论男女席间都不能与长辈同坐。

愉快的午宴结束后，贵妇们都回到各自的座位上休息。这时，王公贵族与太后、皇帝之间的帷幔已被撤去。那些坐土耳其式坐垫、穿华丽朝服的王公贵族，级别越高，座位离御座就越近。同我在一起的贵妇，还将包厢里的家人、亲属以及她们认识的人，一一指点给我。当然，我们只是从幕后看，所以并不会被对方发现。

太监忙着给王爷等男宾递送茶点，甜品、水果等与我们餐前所用完全相同。接着，一些巨大的冒着热气的银制火锅被端进院子，太监往碗里盛着热腾腾的白色饮品，而在我们用餐时是没有这种饮料的。我不知道这是什么，但猜想肯定不会是酒，因为酒都是用小盅盛的，而这种饮料用的是与饭碗差不多的碗来盛放。后来我才惊奇地发现，碗里盛的就是普通的热奶，只不过里面加了杏仁，味道有点儿甜。原来这是一种满族人非常喜欢的饮料，叫作“奶茶”。但只有在今天这样的盛大场合，人们才能喝到皇上所赐的奶茶。只见男人们双手捧起茶碗，放到唇边，恭恭敬敬地将奶茶饮尽，好像那是一种神圣的饮料，饮后可以保佑皇帝幸福安康。

众王公用过甜点、奶茶，太监便撤下火锅和碟子。然后又进来一队太监，两人一组，抬着饰有红色寿字的明黄色托盘，里面盛着皇帝赐给每位客人的礼物。皇帝在自己的万寿节里，既接受群臣进献的寿礼，也赐给臣下礼物。每个托盘样式一致，盛放的礼物也是相同的。每位来宾都得到一对御窑烧制的瓷瓶、一尊青铜香炉和一幅书法卷轴。卷轴上书写古典名著中的箴言警句或孔子语录，这些卷轴均用丝绸包裹，再用明黄色丝绳拴系。此外，每个托盘里还有一枚玉如意、一个扳指。礼物一一递到每位男宾手中，空托盘又被抬走了。接着，王公贵族与太后、皇帝御座之间重新挂起帷幔，皇后及众贵妇又走到看戏楼的外廊，继续观看戏台上的表演。事实上，从我们进午餐到后来款待男宾，台上的表演一直未曾间断，只是我们当时没有注意。

下午4点，最后一出戏开场了。身穿盛装的演员在三层舞台上同时表演，另一首颂扬皇帝的赞美诗开始吟诵。诗中皇帝被赞誉为上天之子和佛祖的化身，并祝愿他福如东海，寿比南山。诗赞结束后，扎彩车队便出台了。彩车即前日我在幕后所见之物，上面扎有神话中的佛、仙女、天神以及各种动物形象。硕大的寿桃缓缓裂开，台上呈现出仙人祝寿的场景，象征着永恒的美丽、完美的幸福和长寿安康。最后，在这新奇的队伍中又浮现出一条巨龙，随着火珠翻滚舞动。所有人物、动物，甚至植物，都传达着对太后、皇帝和皇后的敬仰与服从。它们在众多身穿威武服装的武士、传令官、太子和手持旗帜与盾牌的随从人员陪同下前行，整个队列在台上往返了数次，那只舞动的巨龙最终停在了舞台中央，先向太后、皇帝致意，然后抬起巨大的龙头，随着一声长啸，很大一股清泉从口中喷涌而出，在满是鲜花的院中喷洒开来！皇后和格格们都了解其中的奥妙，只有我对此全然不知。看到我一下子被水喷到而大吃一惊，她们简直开心极了。因为我不想漏掉舞台上的任何一个表演细节，当时就站在廊台的最外侧。

演出结束后，帷幔再次撤下，御用观戏楼的大门也被打开。这时王公贵族已能看到太后和皇帝，便从各自的座位起身，走上前去，按清朝的觐见礼仪向太后、皇帝行三跪九叩大礼，感谢皇帝让他们参加万寿盛典。王公贵族行跪拜礼时，皇帝、太后以头略向前倾的姿态作为答礼，样子很像佛祖。王公退下后，演员们换上平常的衣服到台前磕头，但太后和皇帝在他们行礼时都没有作出回应。

众人离开后，戏楼庭院立时空旷下来。这时又在院子中间铺上垫子，皇帝、皇后和瑾妃跪在上面，恭候他们的“老祖宗”——太后离开。引领太后的侍从们手提点燃的金色香炉，缕缕青烟慢慢向空中飘散。太后在侍从的护持下，在恢宏的“皇朝颂”大乐中，缓步走下观戏楼。太后是皇宫中的长辈，所以皇帝和皇后要按照礼节跪迎。待太后走到跟前，他们才站起身来，跟在太后的后面，三人在铙钹舒缓的击打节奏中庄严地慢步前行，公主、贵妇及众侍从跟随其后。

香烟袅袅，宫乐煌煌，华丽绚烂的大典盛装、熠熠闪亮的珠宝首饰，绘成一幅色彩斑斓的辉煌画卷，使我永生无法忘怀……盛大的皇家仪仗护卫着圣驾穿过几座庭院，最后停在一座大殿门前，殿里供奉着祖宗的牌位。太后在这里停住脚步，等皇帝和皇后跟上来后，他们一起进殿叩头祭拜。礼毕乐止，万寿大典至此全部结束，光绪皇帝又长了一岁。

第十章　三海宫苑

秋天祭祖是宫中最重要的祭祀活动之一。祭祀前皇帝要斋戒三日，因此原本还能热闹几天的万寿庆典，便先行停了下来。庆典结束的第二天，宫里显得十分安静，太后感到有些疲倦，早朝后没有再来画室。前来参加盛典的格格和福晋、命妇们都准备离宫，太监、宫女也在忙着侍奉太后于次日移驾紫禁城。按照太后的吩咐，当天的午膳安排在一处花园的漂亮亭阁内，离太后寝宫约1华里，太后说换个地方大家都会高兴。

进膳的地点是太后最喜欢的宫殿之一，坐落在可以俯瞰昆明湖景色的山上。早朝后太后觉得有些累了，就常常到此休息，午膳、晚膳甚至中午小睡都在这里。不论什么时候，也不论到园中的什么地方，太后总要叫上宫内的公主、格格等贵妇一同前往，这也为她们单调的宫中生活增添了些许乐趣。这里的宫殿很是豪华，其中有一座漂亮的藏书楼，里面收藏着数千卷太后喜欢的各种古籍。

我们在宽阔的廊台上共进午餐，举目远眺，景色绝佳。这里地处颐和园万寿山之后，下面是平静的湖面和蜿蜒的溪流，远处还有片片绿色的田畴。难怪太后会喜欢这个地方！

造型优美的七层宝塔，是颐和园中的标志性景观之一。它的右面是一座小山，山上有座寺庙，高挑的屋顶隐现在山坡之上，犹如一只斑斓的巨鸟正在伸展翅膀。远处柔和迷离的景色之后是无垠的绿色原野，再远便是朦胧之中的北京城墙和城楼了。

用过午膳，太后略作休息，便把我叫过去说，第二天她就要回紫禁城了，问我是否要把尚未完成的画像带进城里。并说回城后她会很忙，祭祀大典要占用很多时间，可能很难安排画像了。但如果我想继续画的话，她会尽量出来稍坐一会儿。我回答说不打算那样做，因为在城里很难找到一间与颐和园画室光线相同的地方。于是，太后建议我去美国公使馆小住，并找时间游览一下三海宫殿。与康格夫人分手已经两个多星期了，这段时间也一直没有去过公使馆，所以我对太后的建议感到非常高兴。至于有机会参观三海宫苑，我更是求之不得，太后知道我喜欢华美的建筑，这也再次证明她为我考虑之周到。太后还答应，虽然那时她将忙于祭祀大典，但也一定会抽出一天的时间来，亲自带我在三海各处走走。并说这样我可以对她增加一些了解，时间不会白费，画像的事回到颐和园再继续进行。

回太后寝宫用过晚餐，太后又对我说，最好去放画像的房间看一下，看看画像和颜料放在哪里合适，我应该亲眼看着收存起来。我陪太后走进放画像的殿里，她吩咐把“圣像”（中国人对帝后的肖像称呼）用黄绳系挂在墙上，再覆盖透明的黄色丝绸，以免落上灰尘。从一开始，这幅画像便被看作圣物，享受着类似教堂中圣像的礼遇，甚至我的画具也都成了某种神圣之物。接着，太监又从我手里接过画笔、调色板，连同画架一起恭敬地存放在一个单独的房间里。直到太后有些累了，这件事才算布置完毕。

第二天一大早，我先行离开颐和园，直接前往美国公使馆，在那里得到了我的老朋友康格夫妇的热情接待。当时的美国公使馆设在水门附近的一座寺院里，是中国朝廷在义和团运动后送给美国政府使用的，用作东交民巷新馆建成之前的临时馆址。寺庙被改造成了一座舒适的美式住宅，同时尽量保留了原建筑的中国特色。院内浓阴覆盖，鲜花盛开，其中很多花都是太后所赠。客厅的内部结构和装饰完全是中国式的，给这个待客的房间平添了一些东方色彩，也尽显康格夫妇他们的热情好客。

北京美国公使馆旧影

康格夫人积极促进中外妇女的友好往来，做了大量的工作。她是第一个在自己家里款待宫中贵妇的外国人，美国公使馆也是第一个邀请并招待宫中贵妇及其他中国女性的在京外国使馆。此后，别的公使馆才仿效康格夫人，开始接待宫里的女性。这样，康格夫妇就与中国人之间建立起了良好的关系。对于前来使馆的美国公民，无论职务大小、地位高低，他们均一视同仁，热诚以待。我很高兴再次融入这温馨的家庭气氛中，觉得自己在公使馆找到了回家的亲切感觉。

次日早晨7点，轿夫抬着一顶绿色官轿来到公使馆，接我前往三海游玩。途中先到贤良寺[1]，接裕庚夫人和她的两个女儿。贤良寺原为李鸿章在北京的府邸，驻法国公使裕庚任满回国　后，由于其原来的半西式住宅毁于“义和团之乱”，便将这里的一部分作了他的府邸。达到贤

1　原在东安市场东。

良寺后，裕庚夫人和她的女儿也上了轿，骑着马的护卫和侍从紧随在我们的轿后。

三海是一处相对较新的宫苑，其中大部分宫殿为近50年内所建。我们的轿子到达三海北门时，在颐和园服侍我们的太监已在那里等候。他们带领我们乘船前往湖的对岸，那里是宫廷的主要建筑区，太后的寝宫也坐落于此。我们乘坐的船都有船舱，船舱位于船的中部，四周是甲板，划船者在甲板上前后走动着撑船前行。舱内铺着地毯，上面设有铺着垫子的长榻、茶几和椅子。太监和侍从皆站在舱外船头处。船在湖

中海南岸旧影

中荡漾，感觉十分惬意，20分钟后抵达对岸。登岸后，我们穿过几处庭院，来到太后祭祀的地方。这时祭拜刚刚结束，太后正从里面缓步走出，前面是提着香炉的侍者和演奏“皇朝颂”的乐手。

太后看到我们来了，便把我叫到跟前，询问在城里过的可好，康格夫人近况如何。她还特意为我们在宫苑内安排了房间，命太监领着我们前去休息。穿过走廊，来到一座漂亮的亭阁前，这就是太后为我们准备的房间。整座建筑相当精美，室内雕刻精致的落地罩上挂着厚实的缎帘，将亭阁分成了5个房间。我们在此休息片刻后，又来到太后的寝宫。太后说已为我们备好游船，只要时间允许，我可以在三海内随意游览。这时，我看到太后身边的太监，手里拿着一些绣花条帕，太后解释说，那些是在皇家寺庙举行仪式时，放在佛头上的物品。太后说完便先行离去，我们则向湖边的船坞走去。

岸边石阶下停泊着多只游船，其中一条带有蓝色遮阳篷的平底船十分华丽。我过去没有坐过这种船，于是便选了这只。平底船缓缓驶离湖岸，几条太监和侍从的坐船紧随于后，上面还装有食品、饮料等随用之物。船上有一名首领太监，属于宫中6个太监等级中最高级别的太监之一，一直奉太后懿旨管理圣像并配合我工作。此人聪颖开通，喜欢艺术，收藏了不少中国古代书画和古董。他年轻时是太后喜欢的宫内戏剧演员之一，据说很有表演天赋，有着一副好嗓子，记忆力又强，能够背诵很多古典名篇，且口齿清晰。讲起故事来生动有趣，语言有着很强的感染力。船行于湖面，人立在船头，吟诵一首首诗篇，讲述一个个英雄故事，音调抑扬顿挫，极富韵味。我虽然听不懂他吟诵的内容，却能感受到那悦耳的声音和悠长的韵律。

船在湖中平稳前行，我倚在垫子上举目四望，看到几处漂亮的亭阁，四处绿树成荫，鲜花簇簇。身材高大、穿着气派的太监立于船首，琅琅上口地吟诵佳句名篇，又为眼前的美景增添了几分天方夜谭般的迷

中海万善殿内罗汉像

离。儿时憧憬中的神秘景象，此刻仿佛降临到了我的面前。

不一会儿，我们到了一个小岛，上面建有一座没有围墙的小庙，庙旁竖立一方黑色大理石碑。登岸后，精通中文的三姑娘（裕庚的大女儿）为我详细翻译了碑上的铭文。这是一首赞颂祖先的诗句，并说明在此建岛的雅意：夜沐月色之精，昼浴日光之华，晶莹湖水萦绕，簇拥仙岛佳境。[1]

岛的前面还有一座较大的寺庙，这时正在修缮之中。我很想上去看看，但却找不到合适的登岸地点。那位首领太监看出了我的心思，便设法让船靠在了岸边，接着又搭上木板，我们才小心翼翼地走下船去，然后尽力攀援而上。这座寺庙在八国联军占领北京时遭到了严重破坏，但从当年僧人留下的大片花圃和菜地，依稀可见往日的荣光。从菜地往前，可见柏树参天，交错排列，直达院内，看样子已有几百年的树龄。寺庙院内却是满目疮痍，断壁残垣随处可见，有人正在那里整修。即便如此，这里的景色依然很美，可以想见在被毁之前，肯定是座相当宏伟壮观的中国寺庙。

如今庙里已无僧人和方丈，匠人们正在忙着修复佛像，细心地为大

1 根据英文意译。

佛贴着金箔。很多圣像和罗汉被杂乱地排放在廊下，待庙堂及佛龛修复完成后才能放回原位。庙内布局得体，光线幽暗却很柔和。木雕天花板上的图案，让我联想到摩尔人诸王的豪华宫殿。不过这里的图案是用原色绘成，色彩浓烈，殿内也因此比用白色图案装饰的摩尔宫殿温暖和谐。圣坛后面的庙堂与主殿以木雕屏风相隔，透过镂空木雕图案的缝隙，可以看到屏风另一面绷紧的漂亮锦缎，上面有鲜艳的绿色图案。这些庙堂用于存放宗教经典和祭服，同时也是祭祀人更衣和休息的地方，相当于欧洲天主教堂内的圣器存放室。

圣坛后面可能就是寺庙的后殿，高约30英尺，带有半圆形的汉白玉平台，其栏板雕刻着寺庙中常见的莲花图案。从平台上凭栏远望，可以看到美丽的煤山和皇城中著名的宝塔。煤山上的亭子，就是明朝末代皇帝自缢的地方。平台两端呈漂亮的八角形，遥想寺庙被毁之前，僧人在这秀丽的景色中或小憩、静思，或打坐、诵经，当别有一番情趣。欣赏过迷人的风光之后，我们继续往前走，经过宽敞舒适的和尚房舍，最后回到绿荫覆盖、透着斑驳阳光的庭院。院子里铺着大理石地面，我们在枝杈低垂的大榆树下的浓郁里坐下来休息，太监摆好了桌子，端上茶点。

小憩之后，我们登上平底船，继续在湖上游览，不久又到了一处陡峭的高墙之下。我惊奇地发现，这里又是一座寺庙！但与恬静平和的僧侣圣地——庙宇相比，它看起来更像古老的封建城堡。[1]我们在一座华美的汉白玉石桥旁上了岸，这座桥横跨在湖面的狭窄之处，其一端正好延伸到高墙下面。我们坐着轿子，被抬上了陡峭、崎岖的斜坡。到达顶部时，只见一座造型别致的庙宇，静静地矗立在雄伟的高台之上，让人觉得实在不虚此行。

庙前生长着高大的侧柏林。中国人似乎非常喜欢把柏树种植在寺庙和墓地周围，希腊人将其看作生命之树或不朽的象征，不知这种观念是

1 此处即北海团城。

团城承光殿玉佛旧影

否来自中国。寺内供奉一座巨大的白玉佛，披肩和袖口均嵌有宝石。形象恬淡温和，凝神静思，为典型的中国风格。佛像最初从印度传入时，完全是印度样式，直到佛教真正为民众所接受，其服饰等特征才转变为中国风格。这天，玉佛身上还披着一袭明黄色绸缎披风，头上盖着华丽的满族绣花条帕，与早上在太后殿里所见绣帕一样。点燃的蜡烛、新鲜的贡果和鲜花，以及神坛上飘着缕缕青烟的香炉，更增加了寺内的宗教气氛，同时也说明早上已经有人来此祭拜。看来这里的祭拜也是祭祖大典的重要内容之一。

这座庙宇是三海宫苑中最美的景致之一。高大的雪松和国槐在宽广的庭院中投下浓荫，院子中央有一个很大的蓄水井，上面雕刻着精美的龙纹。井上建有汉白玉门廊，且有数根柱子支撑着一个造型奇特的凹面铜顶。这个铜顶原是宫中的一种“炊具”，曾经用来为穷人烧煮食物，所以形体很大。当这种炊器不能再用时，便被运到寺庙，当作井亭穹顶的内顶。过往的穷人和疲乏的路人，可以在此歇息、乘凉，并饮用这里的井水。除此之外，院内还有僧人居住的房舍及其他附属建筑。

我们正在院中纳凉，惬意地远眺波光粼粼的湖面，天空却突然阴云密布，于是急忙乘轿走下高台。路的坡度很大，从庙前一直延伸到湖边。我们没有再次乘船，而是坐着轿子穿过漂亮的汉白玉石桥。远远的，我望见了北京第一座天主教堂的尖顶。这座教堂是很早以前皇帝特准传教士所建，后来发现，从那里可以俯瞰皇宫，于是皇帝又从教会手中将其买回，另外赐地重建。现在，这座天主堂已划入三海宫苑的红墙之内。从北京两处皇宫都能看到这座教堂。在信仰佛教的东方君主的皇宫内，矗立着这样一座尖顶的天主教堂，似乎给人一种异样的感觉。

雨点开始飘落，轿夫一路飞奔，没有再停下来。回到太后寝宫后，我们很快被传到宝座间就餐并去看一座小戏台。三海宫苑共有两座戏台，分别在冬夏两季使用。夏天用的戏台建在小岛人工开凿的水道之上，这样演员的声音可与水面产生共鸣，使得唱腔更加悦耳动听。

在美丽凉爽的宝座间内用过餐后，我们与太后、皇后及众贵妇一一告别，乘船驶向三海宫苑的大门。此时夕阳低垂，高高拱起的汉白玉石桥，在落日余晖的映照下呈现出美丽的紫罗兰色。水面上闪烁着粼粼金光，古老的天主堂在绚烂的夕阳中勾勒出更加清晰的轮廓……一切都那样静谧安宁，此情此景真是至善至美。

船到对岸时，绿色的轿子已在门口等候。上轿后，我很快便回到了美国公使馆。

第十一章　太后的性格　二进三海宫苑

第二天，我整日都是在公使馆度过的。独自享受着一天的时光，想到次日又能回到宫中，心里有着说不出的愉悦。对我来说，研究太后已像阅读一部令人兴奋的小说，简直到了欲罢不能的程度。至于太后，也总会给我意想不到的惊喜。早在进宫之前，关于她的各种评论便不绝于耳，但真正与之接触后，才发现那些说法没有一点真实的成分。

太后的确是一位充满魅力，让人感到新奇有趣的非凡人物。自从进入宫内那一刻开始，我的感觉一直如此。她行为得体，考虑周到，对周围与自己相关的人十分关爱。在我们接触的一个多月来，我不仅以画师的身份为她画像，而且每天的大部分时间都与之相处。她已经开始令我崇拜，如果哪天不见，那一天就会显得索然无味，暗淡无光。太后是一个有着多重性格和无尽新意的女人，我总能从她身上发现新的吸引力。她简直就是完美女性的化身，一会儿像个天真的孩童，一会儿又像个超强的男子。在大殿上朝时，她会连续3个小时处理繁重的政务，然后便轻松地散步、消遣，像孩子似地痴迷于简单的娱乐。比如她正在宫里与贵妇们谈笑，太监突然跪着呈上装有公文的黄色锦匣，她的表情立刻就会变得庄重起来，蹙起眉头，一副政治家的严肃神态。等到处理完公文，下达懿旨后，她又会马上恢复到原来的状态，像普通女人一样谈论花卉、服装和珠宝。

一位知名的法国人曾这样评价慈禧太后：她是“中国唯一的男人”。此话若指超凡的智慧和卓越的决策能力，她肯定是当之无愧的。

但我最有机会观察的，并不是她“政治家”的一面，而是一个生活中的女人。观察和了解太后，我的条件可谓得天独厚。接触的次数越多，就越能感到她的不同寻常。太后待人和蔼，对宫中贵妇一视同仁，平等相待。即使对某些人有所偏爱，也不会允许她们做出僭越之事，干扰自己的判断。有些时候，太后虽然也虚心地让人表达意见，但随从们的意见从来不会与之相左。看得出，没有人能够对她施加影响，她对别人的真实意图了如指掌，这种与生俱来的洞察力确实很强。

我吃惊地发现，宫中贵妇及侍从对太后的尊崇，几乎到了极点。她最喜欢的称呼是“老佛爷”，臣子们也叫得最久，他们显然已将太后神化了。从西安回到北京之后，宫里人又给了她一个更为亲密、慈爱的尊称——“老祖宗”。皇帝、皇后和公主都这么叫，太后也允许我这样称呼。

我第二次游三海那天，到达后首先进殿给太后请安，然后乘轿前往蒙古王爷的宫殿。这是园内东北部的一处重要殿堂，离太后和皇上的寝宫还有一段距离。该殿为单层建筑，高约40英尺，宽敞的殿内摆设着龙

北海九龙壁旧影

案、龙椅等少数几件家具，此外没有任何饰物。殿内后部是高高的地台，通过数级台阶可至台上，那里设有装饰古朴的宽大宝座。宝座上方悬挂两方巨大的黑色大理石牌匾，上面刻有满汉两种文字的题铭。此殿是专门用来接待蒙古贵族的，他们按例要每年进京朝贡一次，向皇上请安并呈献贡品。蒙古王爷到来时，随行者达数百人之多。殿后与一个开敞式庭院相连，四周有几座较小的建筑，为王爷的随从及仆人的居住之处。

从殿里出来，我们又开始沿着湖岸前行，在汉白玉石桥以北很远的地方，我看到了那座著名的九龙壁。在多数中国人住宅的大门对面，都建有一座砖石影壁，又称“照壁”，上面通常会画着或雕刻着象征龙的图案，据说是为了驱恶避邪。而这种迷信做法在天子居住的皇宫中却十分少见，我也从未发现宫里哪座建筑的入口建有龙壁，或许恶魔无法接近天子，抑或宫内无处不在的张牙舞爪的龙，已经足以驱逐邪恶。三海宫殿的九龙壁原为外面宫殿或寺庙的一部分，咸丰皇帝将其并入宫苑，以拓展皇帝的活动范围。据在北京生活的许多外国人所回忆，宫里的那座比例匀称、造型优美的石桥，过去老百姓也是可以在上面行走的。现在的九龙壁坐落在宫中一处空地上，而不是位于哪座院落前面，所以也没有起到宫外照壁那种避邪作用。九龙壁的确非常漂亮，细部雕刻精致，整体构思和线条也很精妙。

从园中漫步回来，太后已经下了早朝，正在处理宫里的一些事情。太监带进几篮上好的水果请她过目，这是每天按例送入宫中的物品，其中有一篮水灵灵的葡萄。太后喜欢葡萄的颜色，轻轻拈起一串，对着光线观赏，嘴里不由称赞说：“看着这漂亮的颜色，就觉得葡萄更好吃了！”随后便取下几粒放入口中品尝。

过了一会儿，太后开始传午膳。我走到廊下与皇后、公主及贵妇们一起聊天说笑。太后用膳后，我们才回到殿里坐在她的膳桌旁进餐，大家谈笑自如，十分愉快。我们每天在她的膳桌上用餐也是遵照太后旨

中海北岸旧影

意，这样一来我也就很少在自己的住处吃饭。我也不再使用刀叉，而是学着用筷子吃饭。看到中国女人用漂亮的手拿着筷子夹菜时，我感到这真是一种很优雅的餐具，所以决心要学会使用。虽然我始终未能非常熟练地使用筷子，但却发现这种餐具非常适合吃中国菜。用一只手同时使用两支似乎带有魔力的小棍儿，远比使用刀叉复杂和优雅得多。我在餐桌上笨拙地用着筷子，尝试着去夹每道菜肴，那样子一定让在场的贵妇感到十分好笑。她们每个人都把自己喜欢的菜往我碗里夹，还教我说那些食品的中文名称，我吃力地学着一些字的发音，有时会说错了菜名，不时引得哄堂大笑。太后经常被这样的笑声所吸引，等到我们餐后走进她的寝宫时，她会问我们笑什么，有时还故意问道："柯姑娘说什么来着？"

我们刚刚吃过午饭，游园的轿子就已备好。这时却下起雨来，空气里透着凉意，但太后既已决定出去散步，计划就不会轻易更改，不管天气如何，她的户外活动都会照常进行。与天气好的时候一样，我们仍乘坐敞轿（即没有篷的轿子），太后、皇后的轿子均为黄色，太监又为她们撑开了黄色大伞。皇妃的轿子为橙色，公主和我们余下的人都乘红色轿子，太监也为我们撑起了红伞。太后、皇后和公主、格格们都穿着艳丽的日常服装，众太监仍然穿着绣着花纹的节日盛装，轿夫也还穿着红色轿服。黄、橙、红各色轿舆，配着同样颜色的大伞，这支色彩鲜艳的队伍穿过几个院落，浩浩荡荡地向园中进发。

太后热爱自然，喜欢各种天气，对雨天似乎更是情有独钟。她曾说雨天很富有诗意，雨中的一切都笼罩在柔和而神秘的色彩之中，可以除却尘埃，使万物清新可人。北京气候干燥，雨水稀少，因此雨天备受喜爱。太后的兴致很高，但她对雨天的偏爱却无法得到贵妇们的认同，因为她们从未感受到雨中散步的乐趣。

太后喜欢乘轿疾行，我们随她出行的时候，她的轿夫总是一路小跑。我们大约走了15分钟，轿子突然停了下来。为什么会这样？由于坐的是敞轿，可以看得很清楚，雨仍淅淅沥沥地下着，附近并没有避雨的地方。我吃惊地看到太后已经下轿，正朝着路边的一处葫芦架走去。

中国人特别喜欢葫芦，因为它寓意多子多福和繁荣昌盛。太后也非常喜爱此物，宫内种植的葫芦在社会上久负盛名，被称为“皇家御葫芦”。由于太后的特殊关照和培育，宫内的葫芦长得比以往任何时候都好。它们形状相同，颈部细小，上下两头大小一致。虽然葫芦的尺寸从1英寸到12英寸不等，但无论大小都一样漂亮。葫芦架大约有7英尺高，葫芦藤经过认真修剪，每一个葫芦都得到了精心照顾，可以吸收充足的阳光。

太后冒雨走向葫芦架，脚下约6英寸厚的白色鞋底深陷在泥泞之中。太监尽量帮她躲避雨水和泥泞，但都无济于事。太后泰然自若地走到葫芦架下，从容地查看了几个葫芦，观察它们是否已经长熟，因为葫芦成熟后必须适时摘下，否则就干不透。太后又看了一会儿，摘下几个葫芦，才回到轿中。太后下轿时，皇后和其他贵妇也都跟着下了轿，幸运的是太后并没有叫我们一起去看葫芦。出于礼节，我们都站在铺着白石的路边等候，尽管这里没有泥泞，更不像葫芦架下那么湿滑，但大家还是被雨水淋得浑身湿透。直到太后回到轿中，我们才松了口气，上了轿继续往前走。虽然在敞轿里也不能避雨，但正如东方的俗语所云："站着不如坐着。"

大约15分钟后，轿子再次停了下来，我们又到了一处葫芦架旁。太后走下轿子，与上次一样颇有兴致地观察着葫芦。此时大雨如注，太后的兴致似乎同样很高。众贵妇也再次下了轿，神情沮丧地站成两行。太监们尽力为每个人撑着伞，自己却无法打伞，华丽的衣服湿软地贴在了身上，帽子上漂亮的羽毛也弄得很脏。贵妇们穿着两英寸高、小山羊皮

清宫勒扎葫芦器

面的厚底鞋，双脚可以免受雨水浸泡之苦；但我穿的是薄羊皮便鞋，两只脚都泡在了水里。沮丧的贵妇和落汤鸡似的太监，构成了一幅有趣的画面，使我竟全然忘记了雨淋之苦，沉浸在这份快乐之中。

上轿后又走了大约20分钟，雨还在下，太后这才下令转往蒙古王殿小憩。大门敞开着，我们终于到了可以遮风避雨的地方。

殿内高高的地平前，已为太后放置了一把黄色椅子。太后从采来的葫芦中为自己选出一枚，然后给了领头的侍女四格格一枚、大太监李莲英一枚，因为他们都擅长葫芦雕刻。一个竹制刻削刀递到太后手里，于是，她开始雕起葫芦来。太后先刮去葫芦的表皮，并把我叫过去站在近旁观看。葫芦雕是一门很难掌握的技术，太后无疑深谙此道。看着太后纤细的手指优雅地握着竹刀，在葫芦上娴熟地雕刻，真是一件很有趣的事。虽然太后的目光随着刻刀在葫芦上游走，口中却不停地问我游园是否愉快、对三海宫苑印象如何等问题。接着，太后让我注意看宝座后面那块匾上的铭文，告诉我说那是用满、汉两种文字写成的，并指出两种文字形式的不同及两种语言之间的差别。她说，对于外国人而言，学习满文要比学习汉字容易，因为满文也是拼音文字，结构与欧洲文字相仿。接着，太后又谈了些其他的事情，而且我立刻被谈话的内容吸引住了，因为她说得是宫中的服装。

随后我们去找皇后和公主、格格们，因为她们在大殿站累了，已到后面的房间去休息，有的斜倚在罗汉床上吸烟，有的正在喝茶。在蒙古王殿中大约停歇了1个小时，雨终于停了，我们继续坐着轿子在园中漫游，显然，大家的情绪都比刚才愉快了许多。太后还像先前答应过我的那样，让我陪她一起在园中漫步。

晚饭后，我们又泛舟湖上。船慢慢划向三海宫苑的大门，一些人正在那边练习箭术。箭术在中国仍然非常流行，它不仅是一项深受年轻的满族贵族喜爱的运动，而且技艺高超者在军队里会很有前途。中国人很重视射箭的姿势，站立要稳，挺胸昂头，弓与箭的角度也有严格的规定。如果姿势不对，就很难把握箭射出后的准确性。

登岸后，我坐在轿子里继续欣赏着这些人的箭术，不觉日已西沉，园中传来傍晚关闭园门的阵阵喊声，回声和余音直达外门。两扇巨大而厚重的园门，被缓缓推动，最后“哐”的一声合到了一起。于是，皇家宫苑的夜晚开始了。

第十二章　驾还颐和园

次日，太后一行返回颐和园。皇帝万寿与祭祀大典相继落下帷幕，宫中又恢复了平日的秩序。我希望太后能很快让我继续为她画像，并允许我在她不在场时也能留在画室工作，因为每次太后在宝座上摆好姿势后，让我当场画像的时间都很短，其后我还需要在画前仔细斟酌。如果这个要求得到允许，她每天只出来坐上一会儿也就足够了。

到目前为止，太后一直把我当作宫里的客人，认为最重要的就是让我高兴。相比之下，她的主要精力在于朝政，画像只能算作一件小事，即使称作“圣像”也不会例外。陪太后散步、在宫中游览之类的事情当然令人愉快，对我而言也充满了吸引力。如果我进宫中的目的仅仅在于自我消遣，或者专门为了解太后及中国的风俗习惯，我无疑会感到非常满意。我可以从各方面研究太后的心理，对于深入了解太后也保持着浓厚的兴趣，这种经历是独一无二的，将来可能也不会再次拥有。但我还是希望能在画像上多花些时间，这样我会感到更加高兴。假如我的中文讲得很好，我相信自己能够说服太后，让她接受我的请求。太后一直对我关爱有加，她可能觉得与辛苦的画像工作相比，我会更喜欢她所安排的宫中游玩和享乐。

与太后一起在园中漫步，我心中充满了愉悦之情；能够每日为坐在面前的太后画像，我同样十分喜欢。每个肖像画家都希望与自己的创作对象相处融洽，以便加强了解，进而在作品中准确表达。但现实并非完全如此，有的人从一见面开始，就会发现很难与之沟通，不可能同你建立亲密的关系，太后当然不属于这种情况。画家需要尽量捕捉被画者表象之外的东西，挖掘他的真实内心，渴望了解其最完美的一面并最大限度地加以表现，达到画家与被画者之间的共鸣。如果能够建立这样的交流，那么到了画像完成时，双方间的了解或许胜过以其他方式的多年接触。对我而言，虽然在其他时间与太后十分亲近，但除了画像的时候，我觉得自己还没有真正“面对面”地看到过太后。

回到颐和园的那天早上，画架重新放回了宝座间。画像也从存放处取回，放在了画架上，我的工作又继续开始了。那天太后出来坐了很久，这使画像有了很大进展。假如我拥有单独作画的空间，能在太后不在场时独立思考，对画像进行认真研究、仔细修改和从容补笔，那么画像的进度肯定会大大提前。然而，我不得不强迫自己保持耐心，随着太后每日出来坐上一小会儿的安排，抓住这短暂的时间作画。有时太后觉得累了，我就得马上放下手中的画笔和调色板。每天除了太后和一群侍

万寿山后山多宝塔旧影，从这里可以看到北京城通往颐和园的大道。

从都在场的情况下，没有任何机会对画像作进一步的研究和修补。

我带进宫来的画架是一种小型折叠式的，不适合绘制大幅肖像，但在北京又无法找到更合适的用具。太后注意到它用起来很不方便，便建议我画一张大画架的图样，拿给宫中的木匠照样制作。我遵命画好图样，木匠很快就做了一个非常令人满意的画架。太监看到这个新架子很适用，便又吩咐另外做了5个不同尺寸的画架。我询问原因，他们说太后的东西都要与“6”这个数字相合。如果不准备6个画架，那就违反规矩了。

为了放置我的画具，太后又下令制作了一些大而扁的盒子，并配有锁和钥匙。盒子都漆成了明黄色，因为它们属于绘制圣像的用品，必须使用圣上的专用颜色。另外，那6个画架也一律漆成了明黄色。在我画像时，黄色的盒子都放在桌子上。而那张桌子，又在宝座间里占了一个很突出的位置。每天画像结束后，总管太监都亲自把画像从画架上取下，其他太监收拾画笔和调色板等画具，拿走画架并把黄盒子锁好，钥匙由首领太监保管。

当天下午，画像结束之后，我们又一次在园中愉快地漫步。天明显变短了，晚上也有了些许凉意。穿过花园的时候，太后在她喜欢的景致前停了下来，静静地看了一会儿，仿佛在短暂的小别后重新问候它们。太后一向喜欢在颐和园居住，回来后总是显得很高兴。我们在一处摆有桌椅的茶亭前停下来喝茶，太后命太监冲了藕粉来吃。藕粉称得上是一种美味食品，正如太后所说，它对健康颇有益处。太后散步时，要一路带着提炉和做小食品的用具。看到中国人随便用几样东西就能做出如此美味的食品，我觉得实在有些稀奇。

用过餐点后，我们开始喝茶。中国最好的茶都要作为贡品送进宫里，大清帝国茶园里的第一批茶叶更是专供圣上享用。太后是一位伟大的美食家，她知道怎样对茶叶精中选精。如在清香四溢的茶中加入一些茉莉、金银花等干花，可以使茶增加淡淡的甜味，喝起来感觉十分独特。这些干花用玉碗盛着，里面有两支长长的樱桃木筷，因为中国人从不使用茶匙。太后就用筷子夹起一些干花放进杯中，再将花和茶一起搅匀。太后的茶杯为玉制，放在一只式样新奇、做工精细的镂雕银碟上。中国人喜欢喝滚烫的热茶，玉杯的隔热性要好于瓷杯。

离开茶舍，我们又继续散步。经过一处大花圃时，太后发现了一些毛毛草，便让太监采来一束。她灵巧地将几根草结在一起，编成了一只活灵活现的小兔子。太后的动作很快，在我尚未意识到她要做什么的时候，就已经编完并递到了我的手里。她问我这东西像什么，当然，是小兔子，这我是不会弄错的。

最后，我们到达了当天散步的目的地。这是园中的一处高地，整个西山美景在我们脚下铺展开来，落日余晖为起伏的山峦罩上了灿烂的霞光，十分绚丽壮观。太后把我叫到身边，用优雅的手势指着面前的景色说："这些都是我的，但你可以与我分享。"这种对于大自然美景的占有感，存在于所有具备艺术灵感的人心中，这会使他们觉得所见到的美好现象是仅属于自己的。太后说出这样的话，是因为她热爱大自然的美景，而且知道我也会欣赏，她的随从却不具备这样的能力。他们中间没有人会像太后那样如此热爱大自然，各种规矩使他们对美的感觉变得迟钝起来。

注视着眼前的辉煌景色，我心中欢喜若狂，身体也仿佛在颤抖。这时，天色渐渐地暗了下来，我穿得有些单薄。太后见我没穿外套，怕我受凉，便让主管太监去为我取一件她的外套。太监从随身携带的衣物中选了一件，太后将其展开披在我的肩上，说我可以留下这件衣服，还叮嘱以后要好好照顾自己。

第十三章　汽艇　祭孔

我们已开始乘坐汽艇游湖，汽艇代替了独特、漂亮的皇家平底船。太后是位具有艺术特质且又有些保守的人，尽管非常喜欢老式的平底船，但以她的聪明完全能够接受其他功能先进的代步工具，而不会抱有任何偏见。事实上，她更喜欢尝试新鲜事物。在昼长夜短、空气清新和湖面上荷花盛开的季节，太后喜欢坐平底船；而在昼短夜长、天气寒冷和荷花过了花期的时候，太后更愿意乘坐汽艇出游。她喜欢噪音很大但却十分快捷的汽艇，与以前喜欢在水面上静静漂浮的平底船没什么两样。乘坐汽艇时，她的宝座设在船头，正好位于船舱上面靠外的地方。太后喜欢呼吸新鲜空气并欣赏外面的风景，所以从来不进船舱。年轻的皇后和贵妇们，则坐在装饰豪华的舱内，里面摆设有桌子和躺椅。

我们第一次乘汽艇游湖时，开船的工程师好像还控制不好引擎，出发不久便在一个小岛附近的水生植物丛内搁浅了。看到汽艇开不动了，太监们有些慌乱，工程师加大马力也无济于事，一时不知如何是好。太后让他倒着开，过了好一会儿，汽艇才被重新发动。公主和太监们都表现得很兴奋，太后却显得平静而坦然，并笑他们总是为她担心。太后说，她即使徒步走过小岛也没关系，顶多磨坏一双鞋而已。汽艇重新启动后，首领太监不愿再冒搁浅的危险，想让汽艇马上返回，太后却坚持仍按原计划游湖。哪知同样的故障不断出现，汽艇最终又搁浅了，无论怎么努力，再也无法开动。太后依然游兴未减，让人把她的平底船划了过来，于是我们全体换船。虽说不得不改乘平底船，但最终还是完成了

湖心岛附近的昆明湖面

太后的游湖意愿。她是何等聪明的人，凡事都能找出合适的办法，达到自己的目的。她也明白，很多事情不用自己费力，只要想做就什么都可以办到。

在宗教信仰方面，中国皇帝有着一种独特的宽容，中国人也堪称世界上最具包容美德的人民。在中国，皇帝不仅贵为天子，而且承担着宗教领袖的职责，是中国所有宗教的领袖。他是佛教、道教的最高祭司，当然也是儒教徒。不过，儒教与其说是一种宗教，还不如说是一种哲学，尽管这样，其教徒还是需要遵从某些仪礼。宫里举行的各种大型祭祀和典礼，都严格公正，同样盛大、壮观。不管皇帝的个人倾向如何，这些仪式都会亲自参加。但皇帝公开主持的正式宗教活动，则仅限于对天地的祭拜，每年都在天坛举行祭天大典。

就在我们首次乘汽艇游湖的那天下午，在万寿山脚下的一座小寺院里，正在举行一场盛大的祭孔典礼，以纪念被尊为“圣人”的孔子。近2500年来，他的哲学思想一直是中国人奉行的生活准则和道德规范。如同柏拉图一样，孔子是位伟大的哲学家，在上层统治者和普通百姓中得到一致尊崇，他的教导被普遍奉行。

孔子并非宗教领袖，而是一位伦理学大师。虽然很多寺庙都是为纪念孔子而建，但它们更像学馆而不是具有神学意义的庙宇，里面也没有孔子或其他圣人的塑像。这些古典式殿堂丝毫没有类似教堂的装饰，只是将《论语》中的语录写于卷轴，或刻于木，雕于石，挂在庙内甚至院中走廊的墙壁上。

万寿山下小寺院中的祭坛设在庙内，上面有一个普通的红色神龛，里面放着孔圣人的金字牌位：“大成至圣先师之位。”两边是同样的神龛，立着另外4位圣人的牌位，其中一位是孟子。祭孔大典每半年举行一次，纪念这位睿智的圣人、伦理学大师和哲学家。凡在宫中参加这一祭祀活动的人，均身穿礼服。大典前先由主祭诵读祭文，声音抑扬顿挫，节律如歌。同时伴有婉转而神圣的音乐和歌唱，歌词都是带有韵律的诗词，其中多为圣人的教诲语录。祭坛前面设龙案、祭品、香炉和乐队，祭坛上陈放着漂亮的花瓶、古朴的铜器和香炉。龙案用于摆放祭品等物，此时上面供奉着小米和酒肉。高起的平台前陈放着巨大的铁质灯盏，里面燃烧着粗大的松枝。平台上设祭坛，上面摆放着银质烛台，插着粗大的方形蜡烛。祭坛在烛光映照下熠熠生辉，十分漂亮。庙前庭院及庙宇房屋四周，也都放有彩绘的蜡烛，点燃起来，使整个庙宇笼罩在神秘而神圣的气氛之中。

太后、皇帝、皇后及众贵妇都身穿礼服，从太后的寝宫出发，在大臣、太监的簇拥和鼓乐的伴奏下，缓步走进庭院。他们到达祭台时，地上已铺好3只明黄色的垫子，为贵妇们准备的垫子则为红色。在庄重而有节奏的圣乐中，太后、皇帝和皇后等人行了三跪九拜大礼。太后行过礼后，便有人搬来一把黄色的椅子，在接下来仪式中，她便一直坐在这把椅子上观看，皇帝、皇后及众贵妇在整个典礼中则始终站着。行跪拜礼后，供品被恭恭敬敬地放置到龙案上，由主祭诵读长篇祭文，读罢又将祭文放入陈设在祭坛上的匣中。这些仪式都在庙内完成。然后，大典的司仪走到庙外院中，诵读赞歌并再次行跪拜之礼。我听不懂赞歌的内容，也无法请人完整地翻译出来，只知道每句歌词长短一致，是专门赞美孔子的，称作“太平颂”[1]。咏完颂歌，将其与刚才放入匣中的祭文、案上的供品，一同放进院子中央的大香炉内，由主祭点火，又将作为祭品的供酒洒入火中。一时间圣火熊熊，甚为壮观。

我本以为自己不能同太后、皇帝以及后妃等人一起进入圣庙，但到达门口时，却被皇后拉着走了进去。她们似乎已经看出，我很希望目睹这次盛典；她们知道我不会积极主动地参与这类活动，也从不下跪。可是，看到我恭敬地倾听颂歌和祭文，举止与参加宗教活动没什么两样，她们又似乎很是赞赏。

祭孔典礼结束后，太后又允许我登上祭坛，观看那些珍贵的青铜器和烛台等物。她们向我解释了那份祭文被烧掉的用意，说诵读后它的使命也就完成了，焚烧祭文是对孔子这位伟大哲学家的最合适的祭祀。所有程序全部完成后，太后和皇帝命人把船划到圣庙旁的平台处。随后，我们便乘船返回了宫中。

1　根据英文意译。

第十四章　宫中太监

宫里的大部分事情是由太监管理的。按照宫中规定，太监又分为不同的种类和等级，身份亦不尽相同。他们中有的喜欢读书、较有才气，有的擅长溜须拍马、阿谀奉承，有的品级很高，有的只是仆人。从工作内容上看，有演员、厨师、花匠，甚至还有老师、学生，以及爱好写作和喜欢读书的人。上自皇帝的贴身侍卫，下到宫苑的守门人，所有工作都由太监来担当。太后和皇帝的总管太监级别最高，每个总管太监手下各有6名高级太监，个个聪慧机敏，能力出众。他们都是通过自己努力或具有特殊的才能才升到这样的职位。

宫中数以百计的宫殿楼阁，都派有一定数量的太监，由首领太监负责管理。他们承担看护和服侍双重任务，保证宫里的各项工作有条不紊，并随时准备恭迎圣驾。首领太监听命于总管太监，有的负责管理宫内为数众多的花匠，有的负责管理御膳房的几十名厨师。每人负责不同的部门，但都要服从太后身边的总管太监，他可以说是宫中真正的大总管。此人不仅年龄大于皇帝的总管太监，能力也更强。其实，太后身边共有两名总管太监，都位高权重，不仅掌握众多太监的升迁废黜，而且权限甚至延伸到宫外。他们有机会在圣上面前进言，可以为某人说上几句好话或者坏话。太后的大总管几乎威震京城，其权势与路易十三时代法国宫廷的“灰衣主教”相似。高官显贵在他面前也是小心翼翼，朝臣更是不惜重礼以博得他的欢心，使其至少不会在太后面前进什么谗言。可是，尽管他在外面占尽风头，威风凛凛，在宫内却看不出任何越权的地方。除了忠心耿耿地服侍

四名太监

太后，并因此得到了一些恩惠外，太后并没有给他什么超常的权力。

中国皇帝所处的特殊地位和环境，就像是庙中的菩萨，整日封闭在宫中，近乎与世隔绝。因此，他们必然会培植亲信，随时了解外面的情况，一些私人事务也需要可靠的人替自己办理，总管太监自然就充当了这样的角色。对于女性君主而言，皇宫更是一座镀金的牢笼，闭塞的神龛，所处环境比男性皇帝更为封闭。除了大殿里的朝见，她不能私下面见官员，即使皇族的成员也不例外。这样一来，太后手下的主管太监的权力，自然也就比皇帝的主管太监大了许多。现在，太后的主管太监李莲英便是如此，他不仅权倾朝野，而且颇有心计和能力。

李莲英身材瘦高，脑袋有点像罗马教士萨伏那洛拉[1]，鹰钩鼻，下

1　萨伏那洛拉·吉罗拉莫（1452—1498年），意大利天主教多明我会修道士。倡导政治、社会、宗教改革，因持异端被逐出教会，后被焚烧而死。

颚宽大而瘦削，下唇外突，一双精明的眼睛充满智慧，嵌在深陷的眼窝内。脸上布满了皱纹，皮肤有如旧的羊皮纸，虽然只有60岁，看上去却像有75岁了。他10岁进宫，是宫里年纪最大的太监。李莲英举止文雅，善于奉承，汉语又极佳。他声音浑厚，措辞得当，表述能力很强。仅从外表判断，他一定是个很有能力的人。对于皇帝的主管太监，我却知之甚少，只是在看戏、年节，以及同太后、皇帝和宫中贵妇等一起散步时，才能看到皇帝的随侍太监。

太后的第二位总管太监叫崔玉贵，他与李莲英平级。两人不论是脾气、相貌，还是禀赋、品行都相去甚远。此人胸无城府，绝非阴谋家，更不像马基雅维里那样不择手段[1]。崔玉贵现年46岁，身材高大魁梧，典型中国式的圆脸上没有一丝皱纹，透着和善与宽厚。他同样才思敏捷，谈吐优雅。太后对于周围的人，汉语说得不好是不会要的。太后任用大臣，往往有意选择观点、性格不同的人，这样在遇到问题的时候，便可以倾听不同方面的意见，从而得出比较公正的结论。她的两个主管太监，似乎也是按照这种方式挑选的。

部分首领太监遵照圣上之命，专门负责惩罚犯错或违规的太监。对于级别较高的太监来说，所受处罚一般是降一定数量的年俸或摘去顶戴，因为帽子上的顶戴代表品级，被摘去就代表降级、失宠了。一次，太后的两个太监没有执行她的旨意，我看到太后非常生气，传旨罚了他们两个月的俸禄。不同部门的首领太监也根据自己的判断，处罚手下的太监。这种惩罚多为体罚，有时他们会滥用职权，对下面的太监施行残酷的体罚。但一般而言，这些太监都比较和善，对属下所犯的错误比较宽容，一般不会滥用权威。这似乎又体现了一种“集体精神”，即太监们在集体中相互关照、相互体谅和相互帮助的精神。

1　马基雅维里（1469—1527年），意大利政治家兼历史学家，提倡为达到政治目的而施展权谋，不择手段。

每名高级太监都有几个低级别的太监徒弟。徒弟称这些高级太监为“师傅”，师傅会教他们一些在宫中做事的规矩和应该学习的专长。高级太监对徒弟的品行、文化素养等方面的进步都十分关注，总是想方设法在太后和皇帝面前进行推荐。每个师傅都希望自己的徒弟超过他人，能尽快博得圣上的好感，早日在宫内出人头地。

太后极其厌恶吸食鸦片的恶习，一旦发现太监吸鸦片，不论职位高低，都要加以严厉惩处。措施除停俸数月、摘去顶戴之外，甚至会在一段时间内逐出宫禁、受到残酷的体罚等。但严厉的措施并未杜绝这一恶习，宫中仍然有人偷偷吸食这种致幻的毒品。为了不被发现，他们都小心谨慎。太后嗅觉异常灵敏，对鸦片更是十分敏感，凭借气味就能发现偷吸的人。那种气味可以沾染在衣服上，如同掉了花瓣的玫瑰，依然留有余香。作为应对之策，那些太监便穿上一种特殊的亚麻布衣服，吸食后马上脱下来洗，这样衣服上就不会留下气味，吸食鸦片的事也就很难被发现了。

宫里的太监喜欢豢养各种宠物，他们的居所内养着很多狗、猫和各种鸟类。年轻的太监大多仰仗他们的师傅，希望在圣上面前为他们美言而得到晋升，师傅也总在皇帝、太后面前为他们说着好话。倘若年轻的太监自己有机会引起皇帝和太后的注意，也会得到破格升迁。在太后派来服侍我的太监中，就有一个幸运地受到了皇帝的青睐。

那是一次与太后一起散步的时候，一名太监正为我拿着外衣，皇帝见他谈吐文雅，举止适度，相貌亦佳，便把他要了过去，赐给顶戴。这名太监已进宫15年，如果不是皇帝无意间发现了他，恐怕很难被人注意，最后只能凄凉地终老宫中，永远也不会得到什么顶戴。因为他的师傅已经过世，没有人会保护他和向上面举荐他。

中国的皇宫就像一座城市，里面的各项事务主要靠太监管理。很多太监聪明过人，能力很强，在完成分内差事的同时，也乘机为自己敛得大量财物。我在进宫之前，就听说主管太监权势很大，非常狂妄，只有送重礼才能得到他们的关照。然而，对我来说却并非如此，我从来不去讨好他们，也没有送过什么贵重的礼物，可他们对我的态度却很谦恭，凡事都考虑得十分周到。总体来说，我们相处得非常愉快，感到他们很有教养，有些人还相当聪明有趣。

事实上，中国人作为一个民族而言，其高贵的言谈举止非常值得称赞。在这一点上，我对一位聪明的法国人的说法表示认同：世界上的礼仪之邦，当今只有中国。

第十五章　太后的文学修养

西太后慈禧与东太后慈安共同垂帘听政时，东太后以“才女太后”著称，所有的国家事务均由能力很强的西太后处理。东太后则沉浸于文学追求，过着学者般的生活。作为女人，东太后具有很高的文化素养，有时还会亲自审阅国子监最高文学荣誉奖的参选文章。同时，她本人也是一位有名的作家。

在两位杰出的女性——两宫皇太后垂帘听政的日子里，一位是与世无争的学者型人物，另一位则是充满生气与斗志的政治家。慈禧太后作为中国的实际当权者，至今统治大清帝国已达45年之久。假如东宫慈安太后不是一位杰出的文学女性，慈禧在政治上也不具备杰出的品质，那么在历史上被人津津乐道的名字或许不是现在的慈禧，而是另一位“才女太后”。

慈禧太后有着很深的文学造诣，能写优雅的诗篇，能用一流的汉语表达思想，能用粗犷的满语抒发胸襟，还能用文学体裁写出地道的文言文。这对于女人，尤其对于一个满族女性而言，确实十分难得。在中国，即使一个人很有教养，他所说的话与所写的文字也存在很大差别。因为中文中想象与比喻的成分相当丰富，文学形式相当重要，即使很多优秀学者也很难写出令人满意的文章，只是能够实际应用而已。太后是位开明并具有文学品位的人，也是一位高水平的评论家。她喜欢阅读经典书籍，尤其喜欢那些歌颂英雄的诗篇，最喜欢的历史人物是代父出征的花木兰。这位花木兰是中国历史上著名的贞德人物，曾女扮男装从军

慈禧御笔“龙”“虎”“福”“寿”

参战，英勇战斗12年，在军中始终保持着处女的纯洁。

中国人很看重记忆能力，也善于进行记忆训练。太后记性极好，能够成篇背诵自己喜欢的古籍作品。她的儿媳即同治皇帝的遗孀们，每周都要向她请安，其中有一位聪慧过人，很有文学天赋，深得这位威严婆婆的宠爱。这位皇妃的记忆力也很强，前来拜见太后时，我曾听过她们一起背诵经典篇章和诗文。二人一首接一首地轮流背诵，半个小时都不曾间断，遇到特别欣赏的句子还会一起朗诵。我永远忘不了她们在一起时的样子：太后坐在御案旁，手里摆弄着鲜花或别的小巧之物，儿媳站在她的旁边，婆媳俩口中背诵着令人陶醉的诗篇，脸上都闪现着快乐的光芒。

太后回寝宫小憩时，太监会带着她喜欢的书读给她听。有一段日子，我常听到太监为太后读书的声音，那琅琅的声音忽高忽低，会持续很长时间，甚至整个午休都不会间断。太后如果对哪本书特别感兴趣，外出散步时就会带上，在坐轿子或平底船时拿出来阅读。不过这种情况并不常见，因为她兴趣相当广泛，外出时更愿意阅读大自然这部大书。

太后酷爱戏剧，与现代戏相比更喜欢老剧目。一次，她很高兴地下令上演一部新戏，上演前一连几天都在研究戏文。到了首演时，她又非常投入地关注每句唱词，并多次命太监到台上，传达自己对某段表演的修改意见。戏剧演出大多以短剧开场，并通常以轻喜剧形式进行表演。太后好像特别喜欢这些短剧，听到其中具有讽刺意味的内容，还会由衷地发出笑声。这类短剧通常由演员即兴表演，内容一般影射某种曾经发生的事件。与我过去对中国人的看法相反，他们很是幽默诙谐，也善于欣赏和理解别人表达出的诙谐与幽默。太后就具有很强的幽默感，不仅能看出剧中的笑点，而且能把它们即兴编成一个新段子。

太后很在意汉语言的表达方式，要求讲话口音纯正优雅。大清帝国各地语言不尽相同，大体上各省都有自己的方言。虽然文人和上流社会都讲官话（即普通话），但一些受过良好教育的外省文人，讲话仍会带有浓重的口音。太后的语言辨别能力虽然很强，但听到带口音的话也会很不耐烦。据说，她在任用官员时，如果条件不相上下，普通话纯正且口齿清晰者会被优先考虑，对于那些需要经常召见的人更是如此。不过，对于确有价值的人才而言，这一点并不会构成升迁的障碍，据说李鸿章的普通话就讲得很差，可太后对他却相当欣赏，不断委以重任。

太后自己的口音相当标准，银铃般的声音高雅柔和，清新悦耳，听起来仿佛出自年轻人之口。音调之美如同朗读节奏分明的诗句，再配以优雅的表情和手势，使你即便听不懂汉语，也会被她的神采所深深吸引。

一次出外散步时，一名主管园艺的人被传唤到太后面前，向她奏报有关新花坛的布局调整情况。我看到太后听了片刻便蹙起眉头，脸上露出不耐烦的神色。很明显，这个可怜的人由于胆怯，可能普通话讲得比平时还糟。太后又勉强听了一会儿，便转向总管太监说："你先听他说说，然后再告诉我吧，这么说话真让人受不了。"说完就走开了，依然紧皱着眉头。

又有一次，我听太后同一位贵妇说起自己讲话被太监误解的事。那位贵妇是太后的儿媳，普通话讲得也非常标准、流利。汉语中有很多同音异体和读音相近的字，需要根据字形和音调加以区别，所以说话者的发音要准确清楚，听话者的耳朵也要灵敏。那次，太后要求一名太监去办一件事，可那个笨家伙却听错了她的声调，结果做得完全相反。太后发现太监竟然误解了她的声调，感到啼笑皆非，也没有再去追究他的过失。

还有一次，太后为一位公主纠正某个字的发音时，说她讲不好普通话并不奇怪，因为她父亲就讲得"糟透了"。这说明即便是王爷，也不见得都能讲好普通话。

慈禧太后擅长书法丹青，其所赐最珍贵的礼物之一便是她的亲笔书法，凡有幸获得者皆视为至宝。这些书法多为整幅单字，字的高度有时竟达4英尺。这类大字被认为是中国书法中最难掌握的技巧之一。一天，我应邀到御殿观看太后写字，到达大殿时太后和贵妇们已经到了，当时她正用一个大碗调墨。太后特别注意墨汁的浓度，因为这关系到运笔时是否流畅。当太后觉得墨汁已适合书写后，便从旁边的太监手中接过一支用于书写大字的抓笔，但由于笔大手小，勉强能抓住那支大笔。她又试了两三支，从中选出一支自己满意的，然后转过脸对我说：“你看，我也得选笔！”我让裕庚的女儿告诉太后，她的大笔适合

慈禧太后书写大幅单字（卡尔绘）

我拿，我的小笔与她的手似乎更为相称。太后听后笑着说，她还是喜欢中国的毛笔，她的手虽然小，却能够挥笔自如。事实证明，她真的不是自夸。

一切准备就绪，在桌上铺好纸张，太监端着墨碗，太后提笔蘸好墨汁，在纸上落下了第一笔。太后写的这些大字，据说可与中国最好的书法家媲美。而且我还惊奇地发现，她腕力稳定，笔触清晰，笔随心意，不差毫厘！太后这次共写了6个大字，字义为“平安”、“昌盛”和“长寿”等。写完后，她说恐怕没有力气再写下一幅了。

太后写字时，皇后、公主和太监们都站在旁边，饶有兴致地围拢欣赏，似乎都在为太后那有力的笔触和秀美的字体感到自豪。

汉字的书写必须遵循一定的程式，起笔位置和笔画顺序都有严格规定，它们犹如数学计算一样精准，书写者不得随意改变和发挥。任何懂汉字的人都可以看出，这些复杂的象形文字起笔是否得当，书写是否正确。

太后的艺术天赋同样表现在绘画方面，所画花卉很有神韵。其实，她的手指也极其灵巧，可惜现在不再绣花，也不经常画画了。她说自己虽然从来不戴眼镜，但眼力已不如以前。满族妇女素有用花卉装饰头发的习惯，宫里的花饰多为人造，太后对此十分讲究。下边的人把做好的花拿来请她过目时，只要经过她那灵巧的手指稍加改动，原本不尽如人意的花朵就会变得十分可爱。

太后经常自己动手设计花形，让人将其编制成精巧的形状，或把众多小花编成大的花朵。有时，她还让人用芬芳雪白的茉莉花为自己制作头饰，再配上一些叶子和小花。她很愿意佩戴这些自己制作的头饰，经常用来替代真正的珠宝首饰。

为了达到完美道德的境界，太后笃信孔夫子的“明德”箴言，注重“修身养性”。她的穿着总是十分整洁，喜欢自己设计服装，按照自己的方式搭配首饰。她佩戴首饰很有品位，与自己的衣着相得益彰，极其和谐。对于色彩的选择也高雅得当，除了在正式场合下必须要穿的明黄色，我从未看到她身上出现过其他不恰当的颜色。她总是尽可能地对自己的服装进行修改，有时采用十分密实的绣花，使织物的原有底色几乎无法分辨。

另外，太后还是一位美食家，常常创造一些新的可口菜肴。

宫里虽然买了很多法国、德国的香水和香皂，但太后还是喜欢使用宫内专门为她特制的用品。这些东西都是侍女根据太后的要求制作，我经常看到她们带着容器到太后面前去搅拌，让她查看制作进度。太后有时还很有兴致地亲自动手，尤其喜欢制作香水，常把不同种类的花油混合在一起，用来制作香味怡人的香水。中国人说“色、香、味有益于心灵”，太后在这方面肯定有不少收益。

中国人性情质朴，喜欢亲近自然，训练动物的能力令人称绝。他们喜爱动物，尤其青睐鸟类，用各种奇妙的方法对它们进行训练。我经常看到人们走近鸟笼，让里面的鸟唱歌，鸟也非常听话，会连续不断地唱出美妙的音调，好像并不感到害怕。到了早春时节的下午或冬天里的晴朗日子，总会看到很多衣冠楚楚、气派十足的人，提着带有外罩的笼子出来遛鸟。他们常到城里的开阔地带或者景色怡人的郊外，掀开鸟笼的外罩，或者把笼子高高挂起，或者坐下把鸟笼放在膝上，里面的鸟儿便会毫无恐惧地大声鸣唱。鸟儿们虽被关在笼中，却很能理解主人心思，并能听懂主人的声音。主人遛鸟时经常打开笼子，让鸟儿到空中飞翔，但它们听到呼唤便会马上飞回主人身边。这些鸟儿并非在笼中孵化，而是从林中捉来再经过人工驯化而成。

中国宗教中有两句流传很广的训诫：一是不得杀生，二是保护生灵。他们宁可限制动物的自由，也不愿意看到它们在死亡中得到解脱。他们热爱所有的动物，又不惧怕任何动物。他们认为，如果人们不去攻击动物，无论多么危险的动物也不会轻易伤害人类。

太后在颐和园中召回飞鸟（卡尔绘）

太后对动物似乎有着不可思议的感召力。比如，她的狗除了她的声音，决不会对别的声音产生兴趣。而太后只需一个轻微的手势，狗儿就会表现出驯服的样子。可是太后虽然喜欢狗，却很少去爱抚它们。她过于在意自己的手，只要抚弄过宠物之后，太监马上便会递来一块热手巾，让她把手擦净。只有一次例外，那是太后前去狗房时，看到一只可爱的小狗，一时喜欢便抱回了自己的宝座间，还抚弄着它玩了一会儿。

有一次我们在园中散步，一件看似十分神奇的事情，使我进一步领略了太后对动物的吸引力。当时有一只小鸟从笼中飞出，落在了树上，一群太监拿着长杆，正在想方设法把它捉住。只见他们把长杆慢慢凑近小鸟，试图将它引诱到杆子上，可最终仍旧徒劳无益。太后一行正好走过，便命太监上前问明缘由，然后说道："我来把它叫下来。"见此情形，我想太后一定是在夸口，心里不由生出一丝担心，难道她以为世上的一切都会服从她的命令，甚至连鸟儿也不例外？不知一会儿她将怎样面对自己的失败。我正在担忧，太后已经拿过一根形似手杖的长棍儿，这是用刚砍下的一棵小树剥掉树皮后做成的。她喜欢这种新鲜树枝散发的淡淡清香，春天出来散步时经常折一枝拿在手中。细而长的白色木棍儿，顶上还有个弯钩，太后拿着它在园中漫步，看上去就像画中的女仙。有时她用木棍儿指一下地上的鲜花，让太监为她摘下，或者坐下来休息时用它在地上随意描画。

现在，太后将手里的木棍儿高高举起，嘴里模仿着低低的鸟叫声，眼睛一刻也没有离开树上的小鸟。她的嗓音非常动听，那笛子般的声音很快产生了不可思议的效果。只见鸟儿扇动着翅膀，由高而低，从一个树枝飞到另一个树枝，直到轻轻落在了树棍儿的弯钩处。太后慢慢移动着另一只手，离鸟儿越来越近，最后那只鸟竟跳到了她的指尖上！我屏住呼吸，紧张地注视着眼前的一切，思绪完全被太后所吸引。鸟最后飞到太后的手指上时，我的心不禁怦怦直跳。可是，太后的随驾人员却没有表现出惊奇的样子，看来在他们眼里这早已不是什么新鲜事。随后太后把鸟儿交给了一个太监，我们就继续散步了。

还有一次，一位公主看到树丛中有一只蝈蝈，可捉了半天也没能如愿。太后便向这只好看的昆虫伸过手去，嘴里还模仿着蝈蝈的叫声，于是那只蝈蝈就蹦到了她的手指上。太后轻轻抚弄了一会儿，然后缩回手指，直到太后把它放下，蝈蝈才飞走。这件事让我再次感受到太后对动物所具有的魔力。

第十六章　上朝

光绪皇帝单独执政期间，习惯在凌晨3点上朝召见官员。据说，这样做是由于他性格腼腆，同时也喜欢早起的缘故。上朝时，他只允许在宝座旁的御案上点燃两支蜡烛，殿内其他地方主要靠宫灯照明。中国宫灯虽然很漂亮，但照明效果却不理想。这样，即使哪个官员一时忘了规矩，抬起头来向皇帝张望，也不会看清他的脸。

召见官员的大殿是一座独立建筑[1]，与园内其他宫殿明显不同。从硕大的殿额上可以看出“勤政殿”三个大字。在颐和园所有的宫殿中，这座大殿距离外墙和园门最近，所以有幸被召见的官员进入大门后，经过外院即可到达大殿。太后、皇帝的寝宫均坐落在园内相对较远一些的地方。在紫禁城中，由于建有重重高墙，帝后寝宫和召见官员的大殿，都通过各自的院墙围成独立的空间。而颐和园除了外墙，园内一般是没有围墙的。

此殿并非想象中那样肃穆与空旷，里面的陈设风格与太后的宝座间一样，摆放着茶桌、茶椅和各种精美的工艺品及古玩。令人感到奇怪的是，殿内还摆放着3架西洋乐器——钢琴，与这里的整体气氛很不协调。墙上挂着几个巨幅挂轴，上面是皇帝的御笔大字或是先哲的名言。其中有一幅写着皇帝需要牢记的警句，大意是：天子受命于天，要使国

1　此处指颐和园仁寿殿，是慈禧太后和光绪皇帝上朝听政、会见外宾的大殿。原名勤政殿，光绪朝重建时改称仁寿殿。它面阔7间，两侧有配殿，前有仁寿门，门外为九卿房，铜龙、铜凤、铜鼎等陈设相当精美。

仁寿殿内

泰民安。

殿内中央为宽大的地平，上面放置宝座、御案。宝座后设屏风，一般为三、五或七扇不等。古时宝座的规格比现在要大，并且还有靠垫，样子更像长榻，这似乎意味着过去上朝不像现在这么正式，而是带有更多的家长式色彩。过去的地平也不像今天这么高，这么宽大。上朝时皇帝可以随意倚靠在宝座上，官员也能近距离接触神圣的天子。

各部官员和有荣誉官职的王爷，每月有固定的日子向皇帝奏报该部的事务，或者给圣上请安。皇帝、太后每天都要召见总理大臣和大学士，经常召开军机大臣会议。其中，担任总理大臣的庆亲王总是被最后召见，因为他每次都有很多承办的事情需要汇报和商讨。

除了特别重大的事情，所有电报或奏报一般都分别送到各部，召见时由各部尚书当堂向太后和皇帝奏报。11点之后，所有事务都应处理完毕，皇帝、太后会暂时放下国事，直到第二天上朝再继续忙碌。我在宫里的时候，社会上发生了3件大事：广西发生暴乱，等待俄国人从满洲撤军，以及日俄战事在满洲爆发。每天，各种电报和急件不断送到太后手中，即使不是上朝时间，也会有急件送到太后寝宫，甚至在园中散步时也不例外。这些急件多由外务部转送，当然只有得到太后明令才能这样去做，否则没有哪位官员敢于违反宫里的规定，前去打扰她的个人空间。急件一般先在宫门处交给太监，置于黄绸匣内，然后再跪呈太后。

在大殿召见官员时，放宝座的地平前放有5个垫子，这是为军机大臣奏事准备的跪垫，其中总理大臣的垫子离宝座最近。跪在垫子上奏事是一种特赐的恩惠，只有军机大臣才享有此项殊荣。其他官员奏事时，只能跪在这5个垫子后的光秃秃的地面上，而且与宝座存在一段距离，很难听清圣上旨意。尤其是皇帝讲话的声音很低，更难听得十分真切。为了能在上朝时缩短与皇帝的距离，官员就去贿赂殿内的当差太监，让他把垫子往前挪动一下，以便跪得离宝座近些。总理大臣和大学士的位置是相对固定的，只有3只垫子可由太监根据情况而定。向太监行贿的钱也有固定数目，只要给足，太监就会在官员进殿奏报时，把那3个级别较低的垫子移动一些。

每位被召见的官员都由太监引领。太监先推开高大的殿门，跪于门槛处，一一禀报官员的官职、姓名及到达宫内的时间。如果官员给足了银子，这名太监起身时就会敏捷地移动垫子。随后，官员走进大殿，跪在御前，其与宝座的距离要根据官职大小和付给太监的钱数而定。太监引官员进殿后，必须尽快离开大殿，站在不远处的官员和其他太监都在注视着他。这是为了防止泄露国家机密而采取的措施，太监若不马上离开，最高的惩罚是处以死罪。

召见的官员听到太监的脚步走远了，便跪下来奏报事情。必要时，太后和皇帝会询问一些问题，要求官员作进一步说明。召见结束，官员便起身径直走出大殿，中国人不会倒着出殿，因为这时背对着皇帝不算失礼。

官员们经常上朝，为了使膝盖免受跪地之苦，便想出一种有趣的保

召见官员（卡尔绘）

护措施，进殿前在膝部裹上厚厚的垫子，这样跪在地上就舒服多了。而中国男人都穿长袍，绑上膝垫后从外面看不出一点痕迹。

光绪皇帝登基时尚在幼年，稚气未脱，而各部大臣很多是上了年纪的人。召见时这些老臣总是絮絮叨叨，陈述繁琐冗长，使皇帝感到很不耐烦。按照朝廷规定，官员上奏时是不许抬头的。于是，当老臣还在没完没了地陈述那些细枝末节时，年轻的皇帝早已悄悄溜下宝座，走下地平。等到可怜的官员抬起头来行礼时，才发现自己面对的只是一张空空的宝座！这时皇帝会在屏风后的暖阁内呆上5分钟，或者抽一支烟放松一下。

关于“圣上”的“神圣”，我注意到这样一个有趣现象。就是“神圣”似乎主要表现在“圣上”在行使皇权的时候，而并不属于他（她）本人。在大殿上朝或其他正式场合，作为圣上的太后和皇帝总是高高在上，其他人不得随意靠近，而且讲话之前必先下跪。即使是在某些非正式场合，只要太后或皇帝下旨，那么无论在任何时间或地点，接旨人也不论侍从、大臣还是亲王，一律要跪下听命。可是，在与陛下谈论私事或一般事务时，大臣或侍从都是站着，君臣之间就比较随便，有时甚至显得非常亲密。但即便如此，陛下一旦要下达旨意，属下则要立刻跪地接旨。

磕头并不是一种问候，而是一种表示感谢的方式。演员在演出开始和结束时都要向太后和皇帝磕头。这第一个头是叩谢皇恩，感激给予他们为圣上表演的殊荣；第二个头则是感谢圣上赏脸，看完了他们的演出。官员上朝或接受御赐礼物时，也要磕头谢恩。人们不仅对君主磕头，身份平等的人在表示诚挚的谢意时，也会彼此磕头。具体形式是三跪九叩，即跪地3次，每次以头触地3次。由于磕头不是外国人所用之礼，若勉强为之，笨拙之态一定十分可笑。但中国人做起来却显得十分高贵，既不失文雅，也不降低身份。这是一种由来已久的感谢方式，在历史上世代相传，推测最早的朝臣类似奴隶，但现在的磕头早已失去了低人一等的含义。

第十七章 颐和园

颐和园是太后最喜欢居住的地方，距北京城约16英里，坐落于美丽的西山脚下，自然风光旖旎如画，很多地方又进行了人工艺术改造。宫殿区位于昆明湖畔，由多组如诗似画的建筑物构成，形成了整个园中最美的区域。宫舍寺院皆随园中地形而建，高低起伏，错落有致，宛如山水画家精心描绘的画卷，散发着浓郁的东方艺术气息。

皇帝、太后及其侍从的住所集中在湖的东北面，那里犹如一座设施齐备的城邑，既有处理国家政务的大殿，又有休闲娱乐的戏台和庭院。宫殿、寺庙、凉亭、茶室星布园中，似乎所有适合建筑的地方都得到了充分利用。

湖的北岸建有一座漂亮的汉白玉平台，从岸边一直伸展到湖中。平台四周的石栏上雕刻着莲花图案，平台边线富于变化，使湖岸锯齿般曲曲折折，自然美观。原来这是一处岸边码头，湖水轻轻拍打着石阶，更使平台别致而富有动感。

颐和园的主山称万寿山，山顶为宏伟的万佛寺。从岸边最为宽阔处拾级而上，便可直达万佛寺。沿路又有数座宫殿依山而建，甚是美观。如画的牌楼，一律建在风景绝佳之处，似乎这美景是大自然为了衬托这些牌楼而特意安排设计的。

湖心有一处青翠可人的小岛，上面建有宫殿和寺庙，与美丽的小岛浑然天成。造型优雅秀美的十七孔桥，又将湖心岛与东岸连为一体。

北京运河之水蜿蜒曲折，犹如美丽的山间溪流，缓缓流过园林，最

万寿山旧影

后注入昆明湖中。水面的狭窄之处，横跨着别致的罗锅形石桥，这也是中国建筑中的特有形式。自然与艺术融合得如此完美、和谐，让人难以分辨何为人工、何为天成。简洁的线条、优美的比例和协调的色彩，使这些中国建筑完全融入了美丽的湖光山色，看上去就像自然山水中不可分割的一部分。

置身于中国建筑的自身环境中并对其加以研究，一种强烈的赞赏之情便会油然而生。中国建筑形式有些像帐篷，但所用材料却具有很强的耐久性，一组建筑类似于聚集在一起的游牧部落的流动帐篷。其屋顶向下弯曲，继而又向上斜挑，就像帆布自然下垂形成的斜面，再由柱杆撑起。细细的立柱后来演化成了支撑建筑廊台的柱子，凸起的帆布面变成了轻盈弯曲的屋顶。具有装饰意味的屋檐，不过是过去帐篷上结实的丝制边缘和刺绣帷幔。现代中国房屋新奇的屋顶装饰，替代了保持帆布帐篷稳固的重物。那些重物从粗糙的石块，演变成目前制作巧妙的雕刻构件。中国人像他们的祖先搭建帐篷一样建造房屋。建造者设置了柱子，在建墙壁之前先在上面加盖屋顶。除了那些塔——塔就像许多层重叠的帐篷，中国建筑依然保持着原有的特点。尽管中国建筑有漂亮的屋顶、油漆的柱子和精致的饰物，但它们仍然像是一些漂亮的帐篷，只不过被魔术师的神棒点化得更加牢固，更加华丽，与恬静的田园风光相得益彰。在美丽怡人的景致中，坐落其间的建筑如同大自然的一部分，永远不会独立于自然环境之外！

中国人擅长养花，颐和园内遍植花草树木，一年四季鲜花不断。在开阔的园林里，除了漂亮的建筑和花草，还有大片的庄稼。大麦、小米甚或还有蔬菜。像萝卜这样单调乏味的品种，在园中适当的种植，也成为了如画的美景。看到这一切，我感到新奇极了。庄稼的种植既充分利用了大块肥沃的土地，同时又丝毫不影响周围的景致。中国人这种强烈的实用主义态度，给我留下了十分美好的印象。

万寿山麓有一处大花台，宫里称作“花山”。牡丹被看作花中之王，每逢鲜花盛开的时节，便姹紫嫣红，散发着醉人的花香，这里也就成了名副其实的花山。中国花匠同样把菊花培植得尽善尽美，到了秋天，繁花似锦，竞相绽放。虽然中国人并不热衷于大花冠品种的培育，太后对此似乎也没有多少兴趣，但花匠们却在颜色与花形的结合上下了很大工夫，培育了不少新奇的品种。我进宫那年，他们就成功培育出了一种绿色的菊花，太后对此大加赞赏。当年还培植出了一种新花形，花瓣细得犹如发丝。

黄色琉璃瓦覆顶的万佛寺之所以得名，是因为上面建有一万多个佛龛，每龛各有一尊坐佛。寺内部分成3个殿堂，中间一间的宝座上供奉一尊大佛。据说这座寺庙中还有过一尊神圣的大佛，1900年外国军队占领北京时，被丢进下面的湖中摔得粉碎。对于这座寺庙遭到外国人的破

颐和园中遭外国侵略军毁坏的建筑遗址

坏，太后至今似乎仍然耿耿于怀。中国人在与宗教有关的问题上始终显示出很大的宽容，他们不能理解我们西方人对待其他宗教所采取的态度。不明白我们为什么除了自己所信仰的宗教之外，对其他宗教中的膜拜会如此鄙视。

据说，中国人仇恨外国人，当然，他们至少没有喜欢的理由，也不会崇尚被我们过分夸大了的文明。信仰基督的欧洲士兵在中国烧杀抢掠，其残暴程度与野蛮的异教徒没什么两样，在很多场合甚至有过之而无不及。

万佛寺山后的斜坡上有一处建筑废墟，大约50年前毁于欧洲军队之手。后来，这处宫殿经过移建，多数集中到了湖的南岸。太后几乎修复了颐和园中所有被侵略军毁坏的痕迹，只有这座废墟依然保存着。不过，这非但没有破坏园中的整体景致，相反随着时间的推移，反而成为一处特别的景点，人们在此可以追忆过去的壮丽景色，以及后来发生在这里的阴森恐怖的一幕。

离废墟不远有一处小湖，周围建有造型秀美的亭榭和一座精巧的像塔楼似的私家庙宇，码头上停靠着几只小舟。景致颇有几分威尼斯水城的味道，置身其中令人陶醉。我们仅去过那里一次，因为那里景色虽美，却很容易勾起不愉快的回忆，看到废墟更会引起太后的伤心。在宫殿沦为断壁残垣之前，太后年轻时在这里曾经有过一段美好的时光。

登临颐和园内的高处远望，可以看到通往京城的大道。有时，太后会与宫中的贵妇们在这里的凉亭中休息片刻，观赏一下园外的景致。大路上各种车辆往来不断，有几次我们还看到了皇帝驾返颐和园的队伍，皇帝的车驾和随从都清晰可辨。太后每每在发现皇上的车驾后，就会说“皇上来了”。接着，皇后和贵妇们都会过来观看，这样在远处观看皇帝与宫中礼仪并不相悖。太后、皇后还常常远眺外面百姓的生活场景，而不论是在紫禁城还是在三海宫苑，都没有机会看到墙外的景象。因为中国君主出行，一般只是从北京的一处宫殿到另一处宫殿，事先会沿路插上各式三角旗，标出御驾行走的路线，提醒人们将有圣驾通过。到时候这些路段要临时戒严，在圣驾经过前后禁止通行。居住在道路两侧的居民，在车驾经过时要关门闭户。交叉路口要张挂巨大的布帏，禁止居民穿行。这些准备工作完成后，路面上还要铺盖一层黄土。

第十八章　中秋节　绘制太后画像

我们总认为中国人不善于表露情感，也不热衷于享受和娱乐。但世界上除了日本之外，中国可能是节日最多的国家。节庆期间，各阶层的人都会投入全部身心，充分享受快乐。宫内过节也同外面的百姓一样，从上到下都会沉浸在喜庆的气氛之中。

中秋节，俗称团圆节，时间是中国农历八月十五日，即月亮最圆的那一天。宫中庆祝节日，总是少不了在戏楼演戏。中秋这天上演的剧目之一，是与这个节日相关的传说故事。故事的大致情节是：一天，有位仙女下凡拜访皇帝，临走时送给他一株仙草，说吃了以后能够长生不老。仙女走后，皇帝因有急事匆忙外出，一时忘记了她的礼物，仙草就留在了御案上。就在皇帝离开御殿的时候，一个年轻的侍女走了进来，看到桌上的仙草很是好奇，尝了一点后感觉很好吃，便全都吃掉了。皇帝想起仙女送给他的宝贵礼物，急忙赶回宫里，吃惊地发现仙草已经不见了。后来查出了偷吃的侍女，皇帝便要将她赐死，以便再取出那株仙草。哪知太监们还没有来得及执行命令，咒语开始应验了，侍女已生出羽翼，抱着一只小白兔飞向高空，最后飞到月亮上躲了起来。从此，那位侍女便与小白兔一起生活在月宫里。她现在是位不朽的月神，在月宫里制作长生不老药。小白兔也和她一样长生不老，经常在月宫凭栏远望。

中秋那天，这出以小侍女为主角的戏，是由宫中戏班演出的。最后的压场戏，是我平生看到的最为壮观的舞台设计之一。中国人以最简单的方式，制作出了最漂亮的节日灯彩：象征湖面的舞台上，出现了很多

昆明湖岸边的牌楼（卡尔绘）

昆明湖岸边的牌楼旧影

点燃的荷花灯；台面中央的大莲花上，坐着一尊神态安详的金色大佛，一轮明月悬于上方；宁静之中，精致明亮的荷灯和象征不朽的各式花灯，在湖面上游动闪烁……如同进入涅槃仙境一般，人的灵魂仿佛已经融入其中，成了大自然的一部分。

当日，我和众贵妇在太后的观戏楼内用餐。院子里漂亮的灯彩表演尚未结束，我们便不得不匆忙离开，跟随太后前往万佛寺山脚下，参加园中的中秋祭月大典。皇帝、太后及贵妇们全都穿着参加大典的礼服，数百名太监每人手执一盏灯，整个队伍看似流萤，一路浩荡蜿蜒，穿过游廊甬路，最后来到山脚下一处临湖且又十分宽敞的汉白玉平台上。

整个平台沐浴在柔和的月华之中，而此时美丽的夕阳还依稀隐现于天际。巨大的石牌坊前又竖起一座富丽灿烂的花牌楼，前面的祭坛上高高地摆设着水果、鲜花和盛满美酒的酒壶。这座专门为中秋节扎制的牌楼全部由菊花组成，上面用白色花朵拼出“桂华皎洁”[1]几个大字，犹如星光闪烁，横贯牌楼的顶端。

皇帝和太后首先对着明月跪拜，然后把鲜花供在祭坛上。接着，皇后和众贵妇也像两宫圣上一样，向天上的明月行礼。与此同时，太监以悠扬顿挫的声调和节律诵读祭文。中国人的“诵读”极富乐感，就我这个外国人的感受而言，这种诵读要远胜于他们的音乐。祭文实际上是一首咏月诗，通过两种声调和韵律交替朗诵，效果非常动听。

读完祭文，所有供品都加入甜甜的薰香，以及用纸剪成的各种图形，一起投入石台中央的大香炉内。香炉中燃起蓝色的火焰，这时又浇入供案上酒壶中的供酒，呼的一下立刻窜起很高的火苗。香炉沐浴着朦胧的月光，炉内火光熊熊。一群衣着华丽的贵妇簇拥着皇帝和皇后，他们佩戴的珠宝和服装的金色图案，在跳动的火焰映照下如繁星般熠熠闪亮。执灯的太监则在外围形成了一道稍暗的光环。此情此景，美妙绝

1　根据英文意译。

伦，而在这幅绝妙的图画之上，一轮高悬的中秋明月，又将皎洁清澈的光华慷慨地撒向人间，似乎在表达对这些华服丽人参拜的感激之情。

当香炉中的火焰不再跳动，只剩下缕缕青烟从炉盖的缝隙中慢慢飘散的时候，太后和皇帝也结束了祭月仪式。他们离开平台走向湖岸，执灯的太监队列紧随其后，宫里的全部船只都挂起了灯笼，静静地停在汉白玉平台下的湖面上待命。太监们手持灯笼沿平台站立，或跪在通往湖面的石阶上，恭迎圣上一行登舟。太后等人乘坐的平底船两侧，各有一条小船带动大船轻轻拨开水面，缓缓驶离湖岸。太监们用手中的灯笼组成了“吉祥”“繁荣”等字样。湖面上映射出无数明亮的彩灯倒影，水波中跳动着点点金光。此时，西边无际，仍有一抹彩光依稀可辨，而华美的月亮倒映于水面，如同明亮的钻石在闪烁！当我们到达对岸御用码头时，又见岸上一座由彩灯组成的高大牌楼迎面而立，两根高大的立柱上端横跨着巨大的弧形光环，在湖面上映出长而弯曲的倒影，光线清柔，闪烁迷离，似与空中的明月共享安详与太平。

尽管我参加了宫中所有的节庆活动，但画像工作还是多有进展。只是我总想有更多的作画时间，希望在太后离开画室后还能继续工作，并且在工作时能够更自由一些，以便静下心来对画像作进一步的润色、修补。因此，我决定向太后提出请求，请她允许我在每天上午的画像结束后，能够留下来继续工作，而不再与众贵妇一起去园中散步。在我了解太后的个人魅力后，放弃同她一起愉快地散步实在是一大损失，可为了工作却不得不这样做。太后有些不情愿地答应了我的请求，但又似乎觉得把我一人留下不太礼貌，因此在答应我的要求之后，她在外面散步、逗留的时间明显地变短了，好像在消遣的时候一直牵挂着我的工作。于是，我很快又改变了自己留下来工作的做法。现在，我唯一能做的就是支配好自己的时间，尽量做得更多一些，更好一些。

日子过得虽然十分愉快，但困扰我的问题却不仅仅在于独立作画的时间。随着画像的进展，我发现自己已经陷入了与中国传统画像方法的不断冲突之中。她们希望我在画细节时不要出现阴影，如果这仅仅是太后的个人想法，事情或许还容易解决。因为她很有艺术眼光，人又比较开明，最后总会给我更多的创作自由。可是，她也不能违背传统，圣像容不得半点儿发挥和想象，即便是陈规也必须严格遵守。

我有幸进入皇宫为太后画像，机会当然十分难得，同时也被坚如钢铁的中国传统紧紧束缚！既不能选择画像背景中的附属物，也无法根据构图需要安排这些物品，而只能亦步亦趋，在所有细节上都遵循中国几百年不变的传统和规矩。画面上不能应用透视法，所有部分都要画得均匀，没有阴影，油画应有的凹凸和生动效果得不到任何体现。我只能按照中国传统来表现太后非凡的性格，即使将其平庸化也必须这样做。想到这些，我失去了当初炽热的激情，内心充满了烦恼和抵触情绪，好不容易才安下心来，硬着头皮去做自己不愿意做的事情。

不过，太后不仅对我的沮丧毫不知情，而且对画像的进度似乎十分满意。一天，太后问我是否愿意请康格夫人进宫看看画像，我当然回答说愿意。于是，外务部便向康格夫人正式发出了邀请。

太后要在我画像的宝座间里与康格夫人会面，所以她来的那天我不能正常作画。我满心希望能在殿内那处唯一光线充足的地方，向康格夫人展示画像，但令人失望的是她却被邀请到了一个小房间，就是我离开颐和园及每天工作结束后保存画像的那间屋子。我们进去时，主管太监恭敬地掀开蒙在画像上的黄绸子。画像平挂在墙上，光线极差且有讨厌的反光，室内空间又很小，人在里面显得十分拥挤，康格夫人根本无法看清画像的全貌。但由于上半部分的光线还算不错，所以康格夫人夸赞说画得逼真，尤其是眼部表情很有神采。评论也只能如此而已。

画像中的太后端坐在一张广式雕刻的宝座上，人物大小与真人一样。太后一手持花，一手放在明黄色的垫子上，一只白色小山羊皮底、缀着珠宝的绣鞋踩在宝座前的龙纹脚踏上。面部展现出四分之三，炯炯有神的眼睛似乎在与看画者对视。画面上还有一个花架，立在宝座的右后侧，上面放着太后喜爱的兰花，画法与人物一样没有任何阴影。画布尺寸为4英尺宽，6英尺高，上面没有画出能够表明太后身份的标志物，但她的明黄色御用服装多少可以弥补这一缺憾。

这是一幅按中国传统绘制的肖像，而我则梦想能画一幅太后坐姿挺直、形象如佛的画像：她端坐在古老的宝座上，手臂丰满，手形优美，面部表情优雅且带有几分严厉。我夸大了太后娇小的身材，让她坐在举行盛典时使用的大型宝座上，以表现其个性中独有的魅力。宝座左侧有一只宫内使用的大火盆，蓝色的火焰在跳动，火光映照着她身上漂亮的珠宝与服饰。从精美的香炉中飘散的缕缕青烟，使整个画像笼罩在柔和的淡蓝色烟雾之中。画的底部，太后脚下是翻腾的双龙。这位杰出女性有着深不可测的眼神，里面闪动着让人捉摸不透的谜团。这种眼神有着近乎残酷的穿透性，可以洞察周围的一切。在暗淡的背景之中，她的脸部显得比较明亮，我想把她个性中所有强有力的东西，都在那张很有特点的脸上刻画出来。

果能如此，那么画中的太后及其周围景物所表现的主题，即便是最缺乏想象力的画家也能感悟。然而，我却必须遵从中国传统技法，对此自然感到有些灰心。

不过，对于太后的了解越多，对她本人的研究就越让我感到欣慰，她的个性也不断在我面前展现。太后可以主宰宫里所有的人和事，最引人注目的倒不是因为她拥有最高的权力，而是她的人格魅力，这种独特的吸引力不会随着地位而改变。她的笑容实在迷人，高兴的时候举朝欢快；而她不悦或蹙起眉头时，整个朝廷都会战战兢兢。她的情绪，总会激起别人的共鸣。

第十九章　游园会

中秋节后不久，太后向所有驻京公使馆官员及夫人发出邀请，请他们参加在颐和园举行的游园会。因为中国皇帝和皇太后不能同时接待男女宾客，所以这次园中聚会安排在两天进行：第一天招待外交官员及属下，第二天招待公使馆的女眷。两天的活动内容完全相同。皇帝和太后先在上朝的殿内[1]正式接见各国外交官，然后在附近的亭阁中设宴款待，宴会结束后再邀请他们游园和游湖。下午两点左右，游园会结束，来宾离开颐和园。在招待外交官员的活动中，除太后外没有第二个女性参加。各公使馆的太太们，都出席第二天的招待会。

正式邀请各公使馆女宾游颐和园，还是我进宫以来的第一次。对于自己在这次活动中的身份，我一时感到左右为难。作为一个外国人，如果同中国女性一起招待外宾，总觉得有些不妥。太后似乎看出了我的难处（她总是善于观察别人的内心感受），就非常关切地对我说：虽然你已经受过召见，但也不妨在公开场合再参加一次。她建议我去外务部，先在那里与康格夫人会合，然后同她一起进入大殿，接受皇帝和太后的接见。于是，在太监通报公使馆的女宾已经到达外务部时，我便遵照太后之命，登上她安排好的红色宫轿，欣然前往。

外务部办事处设在颐和园大门的左边，离大门约有几百米距离。康格夫人已先行来到外务部，待女宾全部到齐后，大家便一起走进颐和园的大门。进园后，女宾们被安排到觐见大殿右边的亭阁内，先在那里排定觐见的次序。

1　即仁寿殿。

慈禧与外国女宾

靠近大殿的廊台和宽大的汉白玉平台上，都支起了绸制的遮阳篷，地面也铺上了红色地毯。铺红地毯是为了照顾外国人的习惯和品位，虽然宫里有很多漂亮的地毯，但除了冬天出于某种需要会在院里铺设外，还从未使用过，太后寝宫内也从来不铺地毯。

女宾们进入大殿时，公主、格格们先站在殿外门口的台阶两侧迎接，将客人引入大殿后，她们又分作两组，分别站在放置宝座的地平两边。太后高高地坐在已经传承五代的宝座上，皇帝坐在她的左侧，周围因光线不足而略显昏暗。宝座前摆放着御案，上面铺着垂至地面的明黄色罩布。站在地平旁边的女宾们只能看到御案后太后的头和肩部，以及案上高高摆放的水果和鲜花。

诸女宾进入大殿后，先向太后和皇帝三鞠躬，然后依次走上前去觐见太后。太后的翻译、裕庚的长女德龄女士站在宝座右侧稍后的位置，向太后一一介绍觐见者的中文名字和头衔。太后的记忆力很强，凡是以前接见过的客人都能认出，但又不分亲疏，对所有的来宾都热诚相待。这种诚恳待人的方式，就像所有有涵养的女主人一样，即使对待自己特别喜爱的客人，也不会表露出和对其他来宾有任何不同。

觐见结束后，太监挪开御案。太后从地平上走了下来，太监又搬来一把铺着黄色缎垫的坐椅，放在殿的右侧。太后落座后，又把刚才接见过的女宾一一介绍给皇后、公主等，并请来宾用茶。这些洋夫人们喝着茶，围拢在太后的周围，太后与每个人都很随意地聊上几句。

喝了一会儿茶，女宾们便由格格们陪同，在太监引领下穿过戏楼的院子及皇后的寝宫，来到太后寝宫的宝座间。太后在这里准备了丰盛的午宴，席间中西菜肴兼备，除中国饮料外，还有洋酒、餐用水和甜甜的香槟。按照中国人的理解，凡有外国人参加的宴会都要饮用香槟酒。

午宴过后，公主、格格以女主人身份陪同众夫人观赏湖景。皇后和皇妃在湖边的汉白玉平台上迎接客人，而在款待宾客的宴席上，她们也同太后一样，一般不会到场。

那天游湖时没有使用太后的平底船，客人乘坐的是另外三只大游船。每只船都有船舱，舱内又都摆放一把罩着黄缎的御椅。那是属于太后的专座，虽然她从未坐过，别人也不能擅自使用。任何带有明黄色的东西都是神圣的，除了帝后，其他任何人都不能享用。

游船在湖面上划行，不久便到了一座小岛，客人先参观了岛上的宫殿和寺庙，接着又驶向著名的汉白玉石舫。石舫实际上是为皇帝建造的一处湖上凉亭，形式仿照宫内的游船，分为上下两层。颐和园的这座石舫是外国人所称道的著名建筑，虽然算不上园中的最佳景致，但也的确新奇别致。除了有时陪同游园的外国人来此参观外，太后从来不到这里散步，更没有进去观赏过。从石舫的底层甲板上，可以观赏到最美的湖上风光。太后在这里为客人准备了水果、点心和饮料。大家可以一边休息，一边欣赏美景。

颐和园石舫旧影

游湖结束后，夫人们便向太后、皇帝及年轻的皇后、公主、格格们道别。离园时仍先到外务部集中，然后乘上自己的轿子或马车各回城里的官邸。

太后对待这些来自公使馆的女宾，态度可谓十分热情友好，公主和宫中贵妇们也都尽了很大的努力。可是，这类聚会却并不总是令人愉快的。在公使馆的夫人们之间，似乎始终缺乏一种和谐的气氛，她们每个人都以嫉妒的眼光看待他人，总是害怕有人超过自己。有些人竟毫不隐讳，甚至在御殿宝座的台阶或有女主人在场的餐桌上，公然表现自己的妒忌之心。她们以为中国人不懂她们的语言，也就不会明白她们之间的是非。不幸的是，中国人注重细节，处事谨慎，会认为欧洲使节的太太们之间缺乏友善。宫中贵妇都热情好客，待人彬彬有礼，可外国太太们的行为却让人贻笑大方，有违礼仪规范。这真令人遗憾。中国人肯定明白其中原委，我对他们的观察力之强，对我们西方人地位、立场判断之准确非常惊讶。

清末在京外国使节及其夫人、子女

在宫中，外国服饰是太后及贵妇们感兴趣的话题。太后好像很喜欢外国人的服装，尤其是色彩鲜艳的衣服，因为她酷爱色彩。她说外国服装特别适合身材匀称的人来穿，那样能把一副好身材衬托得锦上添花，但对那些没有福分的人可就另当别论了。太后认为，中国服装自肩以下都是直线剪裁，更适合胖人穿，因为这样的衣服比较容易掩盖身材上的缺欠。中国贵妇的一个比较普遍说法是，外国人看上去比实际年龄要大。而有教养的中国人，从小就注意控制自己感情的外在流露，养成了简单而健康的生活方式——“早睡早起”。因此，她们直到老年时脸上才会出现皱纹，就像一个成熟的女人一下子进入了垂暮之年。

她们特别厌恶黄头发，但因为我是黄发，所以在我面前没人说起。可在舞台上，所有的魔鬼都披着一头黄发，头发越黄，说明魔鬼越坏、越残忍。一天，一位宫里的贵妇告诉我说，有一些植物制作的染发剂非常好用，能把头发染黑而又不伤发质。假如我用这种染发剂洗头，那么头发很快就会变黑，至少颜色也会深很多。

第二十章 太后的第二幅肖像 宫廷画家

游园会结束后，我有好几天时间可以认真作画。太后已决定在画像的上端横向写上自己的名字和徽号，共有16个字和两方印章：一方官印，一方私印。这些字看来是非常重要的内容，事先设计了多种字体以供选择。印章大约3英寸见方，在16个字的两端各钤盖一方。这样一来，就有很多事情需要商议，比如字和印章的颜色等，最终决定使用红色。两方印章中，一方为阴文，一方为阳文。阳文就是红字白地，阴文则是白字红地。在开始画像时，我并不知道还要在画的上部安排太后的徽号和印章，所以没有为此留出一定的画面。现在加上这些内容，势必占据头部以上的空间，影响画像的整体效果。这又是一件让我感到沮丧的事。至于使用什么样的字体，只能留给太后和写字的人商量决定。我决定把画像交出去几天，让他们在上面写字、盖章，而且太后闲暇时也可以考虑使用什么颜色。

几天前，太后曾说过她想多画几张像，对此我要进行一定的准备工作。新肖像不是官方要求的正式画像，所以我希望能画得自由一些。太后决定画第二幅像时就穿平常的衣服，并且不戴满族头饰。因为那些头饰主要用于大典，分量很重，戴在头上会感觉很累。

第二幅肖像动笔那天，太后身穿一袭质地柔软的蓝色绣花便袍，整齐光亮的头发盘于头顶，上面插着精美的茉莉花饰和一只栩栩如生的蝴蝶，其他首饰同样淡雅别致。我请太后就这样坐好让我来画，她目前的发式比起那种很大的展翅欲飞的满族头饰，似乎更为适合。而在第一幅画像中，她的头饰使画面看上去有些头重脚轻，而且佩戴满族头饰都穿正式的朝服，还不得不佩戴多种珠宝饰物。现在，太后虽然同样坐在宝座上，却不用摆出那种传统的姿势。我对这幅画像充满了希望，因为自己对画中背景、饰物会有更多的选择权，而不会总是被迫“遵循传统”。这幅画像只用于太后和与其关系较近的人观看，于是我请求太后将她的两只爱犬——金色的“傻子”[1]和黑色的“海龙”[2]也一并收入画中。太后高兴地同意了这一请求，并吩咐给“海龙”穿上“节日盛装”，并在耳朵上扎了两朵大菊花。“傻子”是只北京巴狗，不喜欢类似的装饰，所以就让它保持自然状态。太后对给狗画像很感兴趣，好像觉得画这些小动物比给自己画像还要新奇。画狗的时候她就一直坐在我的身后，看到我几笔便把狗画好了，感到非常吃惊。

在这段时间里，我发现宫内并不止我一个画家。皇宫里有一个专门负责绘画的机构和一批画师，负责绘制庆典使用的数千只灯笼、戏台背

慈禧太后油画像（卡尔绘，现藏故宫博物院）

1　根据英文音译。

2　根据英文音译。

景和建筑内隔断上用的装饰画等等。这方面的情况，我在前面的相关章节已有所涉及。这些御用画师多为颇有才华的花鸟画家，其中有一位甚至能画肖像，但这些画家却从未在近处看到过太后。他们虽然官居三品，但遇到太后和随从经过，都必须马上退避到他处。看到这些高贵的、身着华丽长袍的官员，在太后走近时急忙离开的情景，感觉十分有趣。宫廷画师的作品，都由太监呈送给太后，太后的旨意也通过太监传达给画师。

我第一次见到这些画家是在菊花盛开的时候，太后的院子里栽种了几个新品种，想叫人画下来。一天，我走进这个院子的时候，看到几个有顶戴的官员正在那里研究菊花。他们严肃地低着头，神情带着中国人惯有的威严与庄重。后来才知道，他们原来是我的“同行”。

看到他们的绘画方式，我觉得十分新鲜有趣。他们的绘画方法虽然与西方不同，但艺术效果极佳。我没有同他们交谈过，但作为一个外来者，我可以利用自己在宫中的优越条件，按照东方人的方式小心地躲在帘子后面，隔着窗子仔细观察。我在宫里的住处离他们画画的院子很近。我看到为首的画师先选好花株，然后便开始动笔临摹，其他画师则站在他的周围，看着他一丝不苟、一个花瓣接着一个花瓣地画，同时还要仔细地做着记录。第一幅画完成后，再由另一位画师临摹一份，直到画作效果令人满意时为止。

也是在这菊花盛开的时节，有一天太后与众人出去散步时，允准我独自留下来作画。回来时，太后递给我一种形状新奇的菊花，说：“如果能猜出我给这花起的名字，就送你一些好东西。”这是园中培育的一个新的菊花品种，花瓣纤细如同发丝，花心则紧密结实，样子有点像是老人的秃顶。于是我就脱口说道：名字恐怕猜不着，不过它很像老人的头。太后听罢高兴地说：你猜对了，我刚给它起的名字就叫“山中老人”。

我们还是照例每天在园中漫步，而且总会遇到一些让人高兴和难忘的小事。一次在外面散步休息时，太后独坐于“牡丹山”前，我和皇后、贵妇们呆在离她不远的地方。附近有一片柏树林，皇后从里面捡到一件很像孔雀翎的东西。在中国，“孔雀翎”可以作为一种奖励赏赐给高级官员，受赐者把它插在帽子上，是一件十分荣耀的事。皇后捡起这片羽毛，让我跪下，然后把那根所谓的“孔雀翎”别在我脑后，正好悬在脖子上方，让它看上去就像真的“孔雀翎”一样。羽毛固定好后，皇后便让我站了起来，按照圣上赏赐孔雀翎时的语调说：“卡尔阁下！”我头上别着这根羽毛，但很快就把它忘了。小憩之后，我们同太后继续散步。那天太后原本有些心事，一直面带忧虑，但看到我头上的羽毛时，却一下子笑了起来：“是谁用孔雀翎打扮的你啊？”我说是皇后赏的。太后说那是她的特权，接着又说：“如果你是个男的，还真该赏给你孔雀花翎。说不定还会因为你胆大，赏你一件黄马褂呢。”太后说我“胆大”，令我有点不解。或许她听说经过“义和团之乱”，在北京的外国人似乎都有些害怕，而我还敢独自留在皇宫，将自己完全置于她的权威之下，这应该算是一件需要勇气的事吧。

一天下午，我们随太后一起走进上朝的大殿，让我有机会仔细观察了殿内的陈设。在颐和园的各个宫殿中，这里的东西是园中最上乘、最精美的一类。大殿后部摆着3架钢琴，其中两架为立式，一架是最近才运进宫里的新型大钢琴。

颐和园现藏钢琴

太后希望我们能弹弹这架新琴。裕庚的一个女儿曾在巴黎学过音乐，她上来弹了几支曲子。太后觉得钢琴是一种很神奇的乐器，但对于这么大的乐器而言，音量却略显不足。接着，太后又说她很想看看外国人怎么跳舞，让我来弹几首舞曲，于是在我的伴奏下，裕庚的两位小姐跳起了华尔兹。太后觉得看他们跳舞很有意思，但她不理解男人和女人怎么能在一起跳舞，那样跳又能有什么乐趣？她说，中国人是花钱雇人为自己跳舞，而不会想自己跳舞取乐。她似乎觉得舞蹈的魅力在于观赏表演者的优美动作，而不是自己参与其中。假如她有机会走进欧洲拥挤的舞厅，还不知会作怎样的评论。看到数百对男女同时在舞厅里跳动穿梭，奋力避让人群，我想太后恐怕感受不到任何乐趣。

第二十一章　欧洲马戏团进宫

我在颐和园为太后画像期间，除了中国的各种典礼外，还有幸参加了其他一些活动。在一段时间里，宫里开始有人谈论说将有外国表演，后来我才弄清楚，所谓外国表演指的是马戏，而且是真正的欧洲马戏团前来表演。这让我感到非常兴奋，到中国两年了，一直没有机会观看欧洲马戏。如果这个马戏团的动物表演确实精彩，我还是很喜欢看的。

当时，宫里传说的那个马戏团尚在天津。太后和皇帝听说马戏很有意思，便派了一个年轻人前去了解情况。年轻人回来时带了一张色彩鲜艳的宣传海报，总管太监马上拿给了太后和皇帝。看到上面的女演员穿着十分暴露，我觉察到太后脸上有一丝不屑的神色掠过。可是，当她看到各种动物和马技表演时，又流露出欣喜的表情，决定把马戏团召进宫里表演，并计划把动物和演员安顿在颐和园附近，用于表演的帐篷则搭建在园内。

经过商议，马戏的圆形表演场地设在昆明湖的最西面。那里有一块开阔的萝卜地，已经到了收获的季节，拔了萝卜后就可以搭建马戏篷了。

接下来的某一天，我们来到这块萝卜地边，太后亲自动手拔出第一个萝卜，接着皇后、公主等也都纷纷去拔。有人发现形状特殊的萝卜，马上会拿给太后看。这是一幅多么有趣的画面：尊贵的慈禧皇太后笑吟吟，饶有兴致地坐在萝卜地旁一个黄色轻便折凳上，周围是成堆的萝卜；身穿华丽丝绸长袍的皇后与宫中贵妇，满心欢喜地在萝卜地里走来走去，这些普普通通的萝卜似乎给她们带来了无穷的乐趣；太监和侍女

昆明湖玉带桥旧影，乘船前往湖西必经此桥。

站在一旁，一个个接过拔下的萝卜，但不允许他们到地里去拔……一小块地里的萝卜被拔光后，太后和贵妇们便回宫了。剩下的萝卜由宫里派来的人拔光后，便着手在那里搭建马戏篷。

马戏表演的日子定在农历初一，那天皇家戏班仍照例在戏楼唱戏。早朝之后，太后、皇帝及后妃等贵妇先去戏楼听了两三出戏。午膳后，太后、皇帝便在皇后和贵妇们的簇拥下，向湖边的码头走去。那里停泊着漂亮的平底船、画舫、汽艇，以及很多只太监乘坐的小船，湖面上荡漾着欢快的气息。平底船和画舫装扮的十分华丽，各种彩旗和仪仗的流苏随风飘扬。带着机器轰鸣、喷着气的汽艇，又为这支最具东方色彩的船队增添了些许现代气息。其中太后乘坐的汽艇黄旗高悬，鲜艳夺目，船舱周围挂着黄色的绸彩，上面还飘着大清帝国的龙旗。太后和皇帝缓步走下汉白玉台阶，登上快捷的汽艇，独自驶向对岸，黄龙旗和各种彩旗迎风飘扬。

我与皇后、公主、格格们同乘一船，其他妇女则乘坐后面一只同样漂亮的大船。我们的船形状很像中国园林中的亭子，供皇后使用的船舱铺着地毯，挂着华丽的窗帘，茶几上罩着黄色盖布。舱外船头上搭有绸缎遮阳篷，公主和格格们都站船头，只有皇后坐在舱内舒适的躺椅上。

皇后与几个格格从小一起长大，平时在一起不拘礼节，但她很会掌握分寸，凡是正式的场合，一定会保持适度的娴雅与尊严。今天的场合就比较正式，所以她独自一人坐在里面，其他贵妇则站在船头的甲板上。皇后知道我的兴趣所在，所以把我叫进船舱，去看里面镶嵌着各种新奇图案的茶几等陈设。她让我坐在她的旁边，对于这一盛意我略有犹豫。她又解释说，外国与中国不同，没有在地上坐垫子的规矩。我在宫里经常得到这样的照顾，明白她们这样做的原因，并不是出于对我特别喜爱，而是由于她们具有良好的教养。她们希望我在宫里的感觉能像在自己的家里一样，舒适自如，无拘无束。

船到对岸时，皇后和贵妇们都先行下船，恭候太后和皇帝登岸。乐队开始演奏嘹亮的乐曲，众多亲王、官员都站在岸边恭迎圣驾，准备将他们迎入特设的观看马戏的“包厢”。

一幅精彩绝伦的画卷从岸边展开：太后和皇帝上方罩着绣花黄缎大伞[1]，由衣着华丽的侍从和身穿盛装的官员簇拥，后面跟着同样衣着高贵的年轻皇后及贵妇们，她们每人又有自己的侍从和太监相随。当日天高气爽，这支特殊的队伍在明媚的阳光之下，更显得豪华绚丽、气势非凡。

装饰一新的亭子成了观看马戏的御用“包厢”，上面悬挂着明黄色饰物。亭前面有一带栏杆的平台，上方罩着绸制的天篷。平台中央放着一张黄缎椅，左边也有一只黄椅，但相对小些。马戏篷朝向御用“包厢”的一面敞开着。太后、皇帝在此观看马戏时，既可以落座，也可以随意走动。皇后和贵妇们则站在平台的两侧。

约有200名官员来此观看马戏演出，这次还一反常规，在官员和皇室成员之间没有用帷幔隔开。平台右边有两支演奏外国音乐的乐队，更准确地说，应该是中国乐师使用欧洲乐器演奏外国乐曲。两支乐队分

1 即在正式场合使用的黄色绣花华盖。

溥伟

别属于直隶总督袁世凯和海关总税务司赫德[1]。赫德先生是位业余音乐爱好者，因此请人教中国人用欧洲乐器演奏欧洲音乐。他的乐队已成立18年，现由20名中国乐手和一名欧洲指挥组成，使用欧洲铜管乐器和弦乐器进行演奏，装备精良。赫德的努力获得了很大的成功，后来一些中国高级官员也开始仿效，其中第一位便是袁世凯。所不同的是，袁世凯的乐队属于军乐队，有50位演奏人员，使用的是铜管乐器。马戏演出间歇，这两支乐队便轮流演奏乐曲。

自从我进入皇宫以来，还是第一次有机会见到这么多皇亲国戚和重要的高级官员，以前他们虽然常被邀请进宫看戏，但那时候总有帷幔将其与皇帝、太后看戏的御座间隔开，只有演出结束，他们要叩谢皇恩及女眷回到自己的"包厢"歇息时，帷幔才会撤掉。而今天观看马戏的情

1 赫德（Robert Hart,1835−1911年），英国人，自1863年起正式任职海关总税务司（相当于现在的海关总署署长），在任达48年之久。

形则不同，虽然中国贵妇根本不会去看他们，我却利用外国人这一有利身份，对他们打量得相当仔细。不过我是站在贵妇的后边，很难被人发现。我详细观察了他们的长相和穿戴，看到几位亲王到平台前给太后和皇帝请安，然后向在贵妇及格格中的亲属微微致意。

前来观看马戏的年轻亲王中，有一位是恭亲王的儿子[1]，为亲王养子。这个年轻人身材极好，高挑匀称，宽宽的肩膀，面庞非常英俊。向陛下请安时，仪态之优雅，如同一位年轻的骑士。他举止率真无华，聪颖而不失谦逊，这些都让我很有好感。他衣着端庄而有情调，所佩珠宝均为精选之物，腰带上没有佩挂多余的饰物，与那些纨绔子弟明显不同。他的父亲是位很重要的亲王，这位年轻人目前只有17岁，若能正常发展，将来定会成为一个名声显赫的人。像许多年轻的满族亲王一样，他在内务府也有一定的官职，担任着与弓马有关的差事。

这个马戏团在欧洲不算著名，但在此之前，宫里人从来没有看过马戏，而且演出布景相当华丽，即使对我来说也从未见过。演出时，太监手捧望远镜侍候在太后和皇帝身旁，望远镜上嵌着漂亮的宝石。皇帝向来不喜欢被别人关注，所以大部分时间都把望远镜放在脸前，我感到他这样做的目的主要是为了遮挡自己。太后和皇帝都很喜欢马戏中的动物表演，而对其他节目，除了两个侏儒的表演外都感觉一般。太后特别喜欢狗和训兽表演，皇帝的兴趣则在马和马术上。我所站的位置离皇帝不远，发现他敏锐的目光几次向这边扫来，似乎在观察我对这场马戏的反映。他还派首领太监过来，用英语向我询问马戏演得“好”还是“不好”。太后和皇帝从头至尾看完了演出，其间太后只在衣着“不检点”的青年女演员表演“空中飞人”时，离开了片刻。马戏团里有一只形象

1 卡尔看到的年轻人应为恭亲王奕䜣的嫡孙溥伟（1880－1936年）。因恭亲王世子载澄（1858－1885年）早亡，奉皇太后懿旨，将其弟载滢之子溥伟过继载澄为嗣。奕䜣死后，溥伟于1898年承袭王爵，成为第二代恭亲王。溥伟相貌堂堂，风度翩翩，颇有祖父之风。入宫看马戏那年，他的年龄应在二十三四岁。

威猛、受过训练的老虎，训虎表演是当天的压轴节目。老虎被带到了御用平台前，但太后却不让把它从笼子里放出来。因为老虎长得与猫相像，她对所有像猫的东西都很反感。

演出结束后，太后和皇帝一行离开了表演场。礼仪形式与来时一样，两支乐队同时演奏震耳的音乐，最后在亲王和高级官员的护送下，太后和皇帝登上了汽艇。平日皇宫里的新鲜事物实在太少了，我想，总体而言，这次马戏表演受到了普遍欢迎。

第二十二章　宫中习俗

太后喜欢早起，但与皇帝一起上早朝期间，却没有皇帝亲政时上得早。在政事紧急需要召见很多官员时，早朝时间会开始得很早，但很少会持续到11点以后。平时早朝的时间为7点半至11点。

太后就寝时，整个宫区布满了贴身侍卫。其中1名宫女留在寝宫内值宿，2名太监站在卧室外间守候，另有4人侍立在外屋门口。值夜的宫女和太监每两天换一次班，只有高级别的太监才能得到守护太后寝室和宝座间的差事。颐和园中的太后卧室，面积不足15英尺见方。如同所有北方的床一样，卧床的三面与墙壁相连。墙壁的三面带有架子，上面摆着太后喜欢的装饰品，如小件玉制古玩、书籍，当然还有钟表。我数了一下，在这间不大的卧室中，床周围的架子上竟摆设着15座钟表，而且每座都在滴滴答答地走动，报时又各有差异。这些声音组合起来，足以让一个神经衰弱的欧洲女人发疯。太后可能是每日坚持户外活动的缘故，神经似乎并没有那么紧张，所以每天都能安然入睡。卧室内没有花，但外间却摆满了鲜花和苹果、佛手等水果。床前挂着漂亮的绣花缎帘，两条长长的绣花飘带可将帷幔从中间分开，向两边挂起。

太后睡觉很轻，且无规律。夜里醒来无法再入睡时，她常常起来穿上衣服，在院子里散一会儿步。我们说这个时间最不适合散步，她却不以为然，认为一天24小时中每时每刻都很美，只是每个时辰的美各有千秋罢了。太后珍爱自然界的每个时段，至少在一年之内，要看遍24小时中的不同景致。她夜晚出去散步，当值太监会提着灯笼相陪。但散步的

慈禧对镜插花照

时间，定会选择月色舒朗的好天气。

不论晚上睡得如何，太后在早晨6点必定起床，因为要准时上早朝，她从来没有误过上朝。起床后，她会先喝一杯热奶或藕粉，接着由侍女侍候梳洗更衣，准备上朝。这是一天里的“盛装”时刻，因为中国人早晨都要穿戴正规、整齐，晚上则穿简洁的长袍。太后梳妆完毕，皇后和众贵妇已在外间候驾，她走出卧室进入宝座间后，先接受她们的请安。皇帝也会在此时来向太后请安。然后，皇帝和太后便在贵妇们的簇拥下前往上朝的大殿。上早朝处理国事时，众贵妇都留在殿外等候，退朝后再陪太后返回寝宫。政务处理完毕，太后便脱下庄重的朝服，暂且放下繁杂的国事，以轻松的心情度过当天余下的时光。

在我画第一幅肖像时，太后下朝后会先到画像的宫殿，在宝座上坐一会儿，让我来画。如果当天上朝太累了，她会先去散散步，然后处理一些宫里的事情。比如查看一下太监送来的花篮和水果，留下一些自用，其余交给膳房的太监作烹饪之用。或者去看看御用织机新织出来的绸缎，询问一下新制的化妆品，检查宫内裁缝新做的服饰……有时太后也会选择下棋消遣，她似乎对此相当擅长。这种棋我从来没有见过，很大的方形棋盘，蒙着一层白色丝绸，上面绘有代表大地或仙界的图案。具体下法是将象征“人”的棋子从出发点送进仙境，棋子在棋盘上移动多少步，通过掷骰子来决定。投掷骰子时不用盒子，而是先把骰子拿在手里，再掷入一只玉碗内，按照最上面的数字移动棋子，先到仙界者为胜，输者要拿钱给赢家。太后常与公主、格格们一起玩儿，有时人数不够，会让两个精于此道的太监参加。如果太后赢了，其他人其实不用真的拿钱，一旦输了太后则立刻给钱，从不吝啬。但太后的运气很好，别人很少会赢，我只偶尔看到她输过3次。公主、格格们都喜欢玩这种棋，因为她们都有机会赢钱，输了却又永远不用往出拿钱。一天，一个贵妇输了棋，脸色马上阴沉下来，这让太后很不高兴，当即严厉训斥说：输赢要看运气，你抓不住机会就从心里认输，如果做不到还下什么棋呢！

太后每天只用午、晚两顿正餐，两餐的品种大都非常相似。我所见到的菜都是相同的，但种类特别多，用餐时可根据口味进行选择。太后用餐的时间并不固定，事实上她除了起床和上朝外，做其他任何事情都没有固定的时间。宫里把“午饭”叫作“早膳”，用餐时间在上午10点半到12点半之间，具体由太后下早朝后随时传唤。“晚膳”同样没有固定的时间。太后特别喜欢吃坚果类食品和水果，这些食品一般安排在两餐之间，另外在饮茶、喝热奶或果汁时也会食用。

年轻的皇后和宫中贵妇的用餐时间，并不像太后那样毫无规律。她们平时都在自己的宫内用餐，时间也根据自己的需要来定。有时太后自己用餐后，会传她们在她的餐桌上一起享用，此时她们即使刚刚在自己的宫里吃过，也要按照礼仪再吃一次，至少也要装出津津有味的样子。众人在太后宫里用餐时，太后的座位总是空的。我被邀请到太后的餐桌用餐时，贵妇们与我同时就座，但我不在时她们则要站着用餐。只要有太后在场，就要遵守这样的传统习俗。太后对所有传统习惯的要求都非常严格，不允许宫廷礼节存在丝毫松懈。不过，在可能的范围之内，太后对贵妇们也很照顾。有时她吃过饭后便马上离开餐桌，或坐到屏风后面，以便贵妇可以坐下来慢慢吃。我曾看到她在贵妇们吃饭的时候，想要回到宝座间，便一个人悄悄地走过，而不让太监在前面引路，免得贵妇们见她进门马上起立。

太后用膳时坐在长桌的一端，桌子上摆满了一道道菜肴，似乎已经被压得透不过气来。条案上的大银盘里，还盛放着乳猪、蒸鹅和整只的鸡、鸭等。如同欧洲的管家先把野鸡和定下的套菜拿给女主人看一样，鸡、鸭在上桌之前，也要先端到太后跟前请她过目。各种菜品都盛在黄瓷盘中，盘子配有雕镂奇特、纹饰精致的银盖。太后走向餐桌时，侍立一旁的太监会喊上一声："撤盖！"随着等候在桌旁的一排太监一声声往后传，桌上所有的盘盖儿便会在瞬间被全部移走，动作之快如同变魔术一般。太后面前放有一碟一碗、两只勺、一双筷子和一块折成方形、类似餐巾的软布。她坐下来进餐时，用一个精致的金别针，将一块丝绸大方巾别在胸前，以免衣服溅上污渍。太后堪称一位美食家，喜欢品评每道新菜。而且像其他美食家一样，用餐时总是细嚼慢咽，似乎是在仔细品尝味道。她吃饭时从不饮酒或别的饮料，我只看到她喝过两次酒，那是宫里新进的上好葡萄酒。太后品尝之后，像鉴赏家一样对酒的品质作了些评价。太后膳后离开餐桌时，太监马上会递上擦手的热手巾和一只金质漱口杯。接着，侍女端来银盆、香皂和毛巾，太后会仔仔细细地把手洗干净。

早膳后是太后午睡的时间，她回寝室时，侍奉读书的太监会选择几本她喜欢的书，带到卧室读给她听。她会在卧室内休息一个半小时，或午睡，或听人读书。醒来后会精心地重新梳妆，接着在众贵妇陪伴下做长时间的散步，然后再进晚膳。

农历每月的初一和十五，宫里都有皇家戏班唱戏。每到这时，皇帝在早朝后便不再回自己的寝宫，而是同太后及众贵妇一起，从大殿直接前往戏楼。太后和皇帝到达戏楼入口时，“皇朝颂”便会奏起。待他们走进观戏楼，在御座上坐定后，唱戏的演员走到戏台中央，集体给圣上叩头。接着，身穿华丽戏衣的演员按惯例齐声祝愿：皇朝永固，国事昌隆，福寿绵长，永享太平。然后，演员们做出表演造型一一亮相，当天的正戏也就随之开场了。太后和皇帝听戏的日子里，早晚两膳都在戏楼里用。用餐时，他们不是分坐在一张大餐桌的两端，而是相邻坐在桌子的右角——皇上坐在桌子的前端，太后则坐在他的左面。皇帝对饮食不甚讲究，吃得很快，至于吃的内容显然并不在意。吃完之后，他就站在太后身边等候，或者在御座间四周走走，直到太后吃完为止。

太后严格遵守宫里的斋戒规定，在筵席上也毫不马虎。在规定的斋戒期间，她的餐桌上看不到鱼、肉等荤菜，每餐都由蔬菜、面食和米饭组成。但烹制出来的菜肴品种很多，吃起来也十分可口。如果我在那几天被邀请到太后处用餐，御膳房会特别为我准备鱼和肉菜，但了解到太后和贵妇都在食素时，我会请求与她们吃同样的饭菜。

每逢年节和听戏的日子，皇亲国戚及朝中大员的妻子、女儿都会被邀请进宫共度节日，有时12岁以下的孩子也会随长辈同来。我在宫里从未见过17岁以上的男子，所见最大的男孩是庆亲王的儿子，当时的年龄为16岁。这些孩子也同他们的长辈一样，会处处遵守宫里的规矩，行为举止都很得体适度。太后喜欢孩子，同时又很在意他们的行为，要求也十分严格。有一次，一个小女孩儿躬身的姿势有些不雅，太后便让皇后这位后宫礼仪的最高权威，以非常优雅的姿势为那孩子作示范。并告诉孩子的父母，要女孩儿注意看皇后的动作，观察她是怎么鞠躬行礼的，然后学着她的样子去做。女孩儿和她的父母当然会遵照太后的指示行事，等到下次进宫时，其行礼姿势就一定会大有长进。

一位朝中大员的女儿嫁给了太后的同族。一次，她与家人一同应邀进宫，同时还带着两个幼女。哪知全家上前来给太后请安时，其中一个只有5岁的小女孩儿既不躬身行礼，也不说一句恭敬的话，而是坐在地上大哭。太后耐心地等待这位母亲纠正女孩儿的过错，她特别喜欢小孩儿，所以不会同他们认真。可是这孩子却不听规劝，继续耍着脾气。对于这种违反宫中“规矩”的事，太后当然不能允许，即便是一个小女孩儿也不能例外，因为高官家的孩子更应该从小懂得礼仪。看到一切规劝和努力都不见效，太后便让把孩子带出去。孩子的母亲哭着请求太后息怒，请她别和孩子认真。太后则很不高兴地回答：你认为一个有教养的长辈会同小孩子一般见识吗？我让你出宫是要给你一个教训，提醒你必须好好教育孩子。我责备的不是她而是你，孩子也挺可怜的，是你连累了她。身为母亲应该带好孩子，要懂得“人之性，立于礼”（孔子语）[1]！太后毫不留情，此后很长一段时间没让这一家人进宫。

---

1 根据英文意译。

第二十三章　太后的焦虑和她的生日

一段时间以来，太后看上去相当疲惫，而且经常面带焦虑，上朝时间也异乎寻常地变得很长，宫里每天都接到很多奏报和消息。早朝之后，太后常常直接去园中散步，而且不让贵妇们相陪。如果身边跟着皇后和公主、格格，她会心烦意乱地坐在一个地方出神，面对自己平时最喜欢的景致也无动于衷，一副心不在焉的样子。只有太监带着公文跪在面前等待下旨的时候，她才会勉强打起精神。

这样的日子过了好久，一天，我们一同在园中散步，太后独自坐在“牡丹山”前，皇后和公主、贵妇们都站在不远处。太后看起来非常哀伤，坚毅的面容显得疲惫而憔悴，两只胳膊无力地垂在身边，神情似乎有些绝望，我甚至看到她偷偷地拂去眼角的泪水。这段时间宫里与往常似乎并没有什么两样，而且由于中国的日历与西方不同，所以我也无法说清具体是什么日子。直到后来看到一份天津的报纸，才知道那天是俄国人答应从满洲撤军的日子。但日期已过，俄方不仅没有任何撤离的行动，相反又传闻日俄之间战事将起，想来太后一定是因为这些事而心情沉重。

几天后，太后正端坐在宝座上让我画像，一封电报交到了她的手里，似乎又引起了她的不安。电报是从广西发来的，内称当地发生严重暴乱，很难予以平息。对中国而言，那段时间真是内忧外患，恶讯不断，使得太后愁眉紧锁，焦虑难安。她的担忧溢于言表，与宫中贵妇在一起的时候，似乎并不刻意掩饰自己的情感。此时的皇帝却与之相反，至少在表面上与往常一样平静，看不出一点焦虑和担忧的痕迹。或许他具有这方面的心理素养，能够深深地隐藏自己的情感。不管发生了什么事情，他的嘴角总是带着一种莫名的微笑，但从他的眼神中，还是可以捕捉到比平时更多的顺从和忧伤。

太后的生日（12月16日）快要到了，庆贺万寿的活动已开始筹备。不过她决定一切从简，下旨禁止朝中大员进献奢侈贵重的礼物。而按照中国传统，像她这样年纪的人过生日，总会源源不断地收到各种寿礼。太后要求祝寿活动力求节俭，告诫道：万寿庆典耗资不菲，如今国家有难，外债尚需偿还，祝寿实不可取。

在中国，祝寿向来被视为大事，仪式近乎于宗教，而且各个阶层无不如此。贫困者即使没有力量庆祝其他节日，也会尽可能隆重地为父母庆寿，这也是《礼记》规定的孝道之一。因此，尽管太后表明了自己的态度，皇帝仍然坚持像往常一样为她祝寿。

皇帝跪在太后面前，请求她允准像往年那样隆重祝寿，并在已有的16字尊号之上再增加一尊称。对于皇帝和臣下在不同时期给自己所上的尊号，太后虽然感到相当自豪，但她却坚决不肯再加，因为每加一尊号，就要新增年俸金币12000元。最后，她只是勉强同意庆贺万寿，但坚持一切形式都要小于往年。显然，太后对于自己的寿辰并无多大兴致，远远没有为皇帝筹办万寿节时的那种热情。不过，那时太后之所以显得很高兴，是因为她相信形势将会有利于中国，他们很快就能重新收回满洲的全部主权。一切都预示着国家的前途将会一片光明，一切都会比当下要好。但是，以太后的地位和年龄，万寿节无论怎样简化，也应该有着精心安排的程序和场面。太后不加徽号的旨意得到了遵守，而庆典则按照应有的盛大规模进行筹备，寿礼源源不断地进献到宫中，宫里的装饰较之皇帝万寿更加精致、奢华。

颐和园排云殿内景。这里陈设奢华，每年仅在慈禧生日时使用一次。

太后在万寿山山腰的宫殿[1]内接受皇帝、皇后、公主及皇族成员的跪拜礼。之所以没有选择平日上朝的大殿，是因为那座大殿在传统上只供皇帝使用，如果太后是在替皇帝处理国政，那么她理当在此接受拜贺。但她现在是与皇帝一起临朝，二人同为圣上，所以也就不适合在召见臣子的朝堂上，接受皇帝的拜贺了。现在使用的这座宫殿地处万寿山腰，所有进入宫区贺寿的人都能一睹圣容。由于天气渐冷，所以在庭院内、通往宫殿的大理石台阶上，甚至湖边汉白玉平台的大部分地面，都铺上了表示喜庆的红色地毯。

贺寿典礼于凌晨两点正式开始，因为此时是太后出生的时辰。宝座

1 此处指颐和园排云殿。

两侧设有3对巨大的银烛台，上面插着明黄色描金盘龙纹大蜡烛。每支蜡烛重约50磅，高达5英尺。在长长的通往宫殿的每层石阶上，都悬挂着饰有“寿”或“万寿无疆”等字样的节日灯笼。

从贺寿的宫殿区向下俯视，所有的庙宇和建筑廊台上，都挂着华美的灯笼。灯笼上同样饰有耀眼的“寿”字，下面缀以红色丝线制成的流苏。远远望去，一片璀璨。

中国人的历法称作“农历”或“阴历”，生日同样按此计算，与公历日期并不相同。太后的万寿节除了每年所处时令略有不同外，祝寿的内容和程序与皇帝万寿基本相同，只是规模更大。这或许是因为她比皇帝年长，生日也过得更多的缘故吧。进宫祝寿的贵妇熙熙攘攘，有些来自这个王朝的摇篮——满洲腹地。她们身穿为太后贺寿的冬季朝服，缎质衣料镶着皮边和貂皮领子。与夏季朝服一样，冬装也绣有精美的金色双龙纹饰。皮帽取代了夏天的漂亮头饰，帽子前部饰有珠宝，精致的帽顶由珍贵的宝石制成。头饰两侧亦如夏天，插有一串珠花。

中国祝寿庆典往往伴有祭祖典礼，为了完成这些礼仪，太后在庆典期间必须多次往返京城。典礼本身已让人感到很是疲惫，一切礼仪都要严格遵守，任何祭礼都不允许出现半点差错。由太后当政的清帝国，正处于危难之中：战争威胁着边疆，错综复杂的外交事务等待她去处理，内地的暴乱也尚待平息。在这种情况下度过万寿，还必须进城完成礼仪规定的祭祖盛典，使得太后的69岁生日充满无奈，毫无快乐可言。

第二十四章　冬宫紫禁城

颐和园是太后最喜欢居住的地方，在“义和团之乱”和外国联军侵占北京后，城内两处宫殿均遭到联军的破坏，太后更是几乎常年住在颐和园里。一般来说，太后每年总有八九个月时间在这里度过，从开春时住进园中，直到天气实在太冷时才会离开。颐和园宫殿内都有供暖的地热装置，可太后从来不用。而中国式的小瓷炉和各种各样的火盆，对于高大的宫殿而言又显然不足以取暖，但太后对此并不在意。内阁大臣和亲王在颐和园附近都有自己的宅邸，但对为数众多的官员而言却极为不便。在寒冷的天气里，他们每天都要经过长时间跋涉，从城里赶到颐和园上早朝。正因为考虑到臣下的困难，太后才在天气寒冷的日子里回到紫禁城。

万寿庆典后不久，太后便准备回城了。因为我准备去一趟美国公使馆，所以要比太后一行提前一天动身。离开颐和园之前，年轻的皇后嘱咐我次日一定要及时赶到紫禁城，在那里恭迎太后圣驾。每逢太后更换住地，皇后、公主等贵妇都要比她先行几个小时，以便她驾临时能在门前迎接。迎驾时还需要穿朝服，凡事只要与太后有关，就必须严格按照礼仪去办。

1903年12月里的一天，太后从颐和园起驾回城。那天空气清爽洁净，如同饮香槟一般让人陶醉，是个典型的北京冬天。大凡太后起驾之日，总会遇上这样的好天气，这在英国被称作“皇后天气”。

北京城共有三重城垣：最外一层为汉城，即外城；第二层为满城，即内城；再往里即皇城，紫禁城坐落在皇城之内。紫禁城城墙四角建有角楼，墙外环以护城河。我们穿过一道大门，跨过一座石桥，很快就看到了巍峨的城墙和高大的宫门。红色的城墙已经褪色，呈现出一种暗紫色，宫墙与上面角楼倒映在护城河水中，美景如诗似画。我们乘轿在拱形路面上前行，路过一座汉白玉石桥，此桥通往煤山脚下八旗兵营前的大门。我们的轿子因有特别许可，所以可以进入紫禁城附近区域。进入皇城外门之后，便在高墙之间继续前行，穿过一道道大门，厚重的木门上饰有巨大的铁钉和铜环。在禁城入口两侧都建有木屋，作为卫兵的休息之所。小屋装有木格子前窗，上面糊着窗纸。屋内有一铺炕，下面有烧炕的灶，卫兵晚上可以在温暖的热炕上休息。走过最后一间卫兵房，禁门已在眼前，我们的绿色“官轿”才停了下来。我们在此换乘早已备好的红色“宫轿”，又穿过几道大门，经过迷宫般的道道高墙，以及铺着大块汉白玉石板、围以高墙重门的森严庭院，最后走进一处相当迷人的院落。漂亮的雪松下站着年轻的皇后和众公主、格格们，她们身穿朝服，皮帽上的宝石在阳光下闪闪发光。相形之下，我这个穿着朴素长袍

太后驾还冬宫紫禁城（卡尔绘）

的外国人，在这群衣着华美、举止高贵的女人中黯然失色。

突然，皇家乐队奏起了“皇朝颂”大乐，庭院的大木门被缓缓打开，圣驾进入了人们的视线。身穿华丽正装的太监排成两列，身体挺直、步伐庄重地在前面引路。迎驾人群顿时寂静无声，皇后示意大家按照规矩各就各位，随后圣轿便跨进了院门。我看到太后端坐在敞轿之上，因为她一进宫禁就换下了封闭的轿子（移驾途中不得不坐的交通工具，由于密不透风，太后很不喜欢）。太后行至近前，贵妇们立刻行正式的躬身礼，一起说“老祖宗吉祥”，我也与众人同声问候。太后命轿子停在院子中央，我迎上前去行礼。她握住我的手，说希望我在紫禁城过得愉快，不过紫禁城内门多墙多，沉闷得令人压抑，比不上颐和园开阔敞亮。太后说了一会儿话便走进殿内，皇后和众贵妇跟随其后。[1]

太后在紫禁城居住的宫殿正间（放有宝座的房间）面向庭院，院子四周建有美观的院墙，墙上开有异形门窗并饰有黄绿相间的纹饰。墙中间有两扇大门，就是太后刚才通过的院门。大殿内放置宝座的宫室为正间，东西两侧房间的外墙不与正间取平，而是向外廊凸出，这样在正间门前就形成了一个长方形的空间。[2]这种建筑形式与颐和园不同，那里的宫殿前后都有回廊，而且外廊与建筑本身的长度相等。

走进大殿，我立刻被正间富丽堂皇的装修所吸引。这间宫室比例协调，最打动我的是其典型的中国式内部装潢，色彩既华丽壮观又和谐宁静。四周为暗红色的墙壁，顶部是亮丽的描金天花彩画，天花中央雕饰着华美的垂花藻井，略显朦胧的光线里鲜艳的原色纹饰柔和地融入殿内和谐的色彩之中。因为室内没有灯，只靠下面的窗户采光。

紫禁城中的很多宫殿都有造型别致的藻井，这对增加殿内空间起着

1　以下描述的3座大殿或三进院子，分别指紫禁城宁寿宫区后半部分的养性殿、乐寿堂和颐和轩。宁寿宫区位于紫禁城内东北隅，原为乾隆皇帝为自己修建的太上皇宫殿，慈禧晚年便将这里用作寝宫。

2　此处描述的养性殿“东西两侧房间外间不与正间取平，而是向外廊凸出”的建筑格局当为颐和轩格局之误。

很大作用，其结构在殿外却一点也看不出来。宫殿屋顶均为简洁的直线形式，檐角向上翘起，体现出简约与宁静的建筑风格。

殿内地面铺着抛光度很好的黑色大理石[1]，幽幽反射着墙面和天花板的绚丽色彩。大殿前部中间是低矮的地平，上面铺着华丽的地毯，安放着硕大的红漆宝座和脚凳，后面是青铜屏风。屏风三扇，紫檀边框上嵌着珐琅装饰。屏心为低浮雕式风景图案，每扇都题有金字诗文，成为暗淡的青铜质屏风的点睛之笔。

一组高大厚重的木门饰有很大的浮雕式金色龙纹。左右两侧的门向殿内开启，且一直敞开着，门楣上挂着厚厚的缎面棉帘。殿的前后两面几乎全是玻璃窗，窗与窗之间相间排列着柱子，支撑着屋顶。窗子下半部镶嵌平板玻璃，上半部糊着透明的高丽纸。

太后的起居室设在大殿正间右侧，房间向外廊凸出，灿烂的阳光从两侧的窗子照进来，十分明亮，与宝座间幽暗的色彩形成强烈的对比。室内摆放鲜花和生长茂盛的绿色植物，大花碗里高高地码放着水果，靠窗的长榻上铺着缎垫。房间里弥漫着淡雅的香味，甚至里面的小佛龛都透露着女性的温柔格调，同时也显示出主人的威严个性。太后空闲时喜欢阳光和鲜花，常常陶醉于美丽沁人的花香之中。

小佛龛设在门口附近，佛脚处摆放一尊金香炉。太后走到龛前，点燃三炷香，轻轻插入炉内的香灰中，然后摆上新的供品，又安放了一幅佛母像。她站在佛龛前，虔诚地端详了几秒钟，然后才转过身来，让接驾的贵妇给自己脱去外面的朝服。

我已经知道，自己对太后周围的事情感兴趣会让她高兴，于是便打量起这座大殿来。这间宫室与外面的宝座间高度相同，但靠近后墙处却分为两层，隐蔽处有楼梯通往上层。上层房间下面正是太后的卧床，供她午休时使用，床前挂着漂亮的绣花缎帘。柚木雕隔断上用螺钿嵌出飞

1 应为金砖。

鸟和蝙蝠图案，十分珍贵。还有写着经典警句或箴言的挂轴。当然，房间里也摆放着很多漂亮、新奇的钟表。

在一个比较显眼的位置，有两件装饰画让我看后很是吃惊。一幅是英国维多利亚女王的盛装像；另一幅是女王与亲王妃，周围是她们的孩子们。我曾听说，太后十分仰慕这位女王，认为她们的王朝有很多相似之处，二人生活中的大部分时光，都是在丈夫去世后度过的，并且各自统治着一个伟大的帝国。太后说，她从女王脸上看到了岁月沧桑，她自己又何尝不是如此。或许，她在想自己会与伟大的英国女王一样长寿吧。

紫禁城养性殿东暖阁。上层为佛堂，下层为慈禧的卧榻。

我说自己见过很多英国的皇室成员，也包括女王本人，但却从未受过他们的召见，对此太后很是惊讶。我还告诉太后，女王平时乘“敞轿”在宫外散步，凡是碰巧经过的人们，都可以见到她。听到这些，太后更是惊异不已。

太后说可以让我看看她设在二楼的密室。去密室需要经过一层的卧榻，然后登梯上楼。密室实际上是一间太后的专用佛堂，特殊情况下会有喇嘛来做佛事。这间用作佛堂的密室十分漂亮，气氛温和、宁静，带有宗教的气息，很适合在此静坐沉思或是拜佛祈祷。高坛上供奉着一尊精美的金佛，金色烛台上镶嵌的珍珠宝石闪动着迷人的色泽，工艺精湛的珐琅瓶中插着用珠宝制成的花束。坛上还摆着带有金色纹饰的香炉，轻柔的香烟盘旋缭绕，在室内慢慢飘散。地面上铺着华丽的明黄色丝毯，木板墙上绘有精美的小幅宗教图画。窗子的造型也十分独特，窗棂上嵌饰着半透明的贝壳，幽幽中发出柔和而朦胧的光。

太后很喜欢这间小佛堂，曾亲自带我进去参观，并自豪地介绍里面的陈设。可以肯定，她既欣赏那里完美的艺术珍品，又喜欢其中蕴含的宗教气息。她随时可以从卧榻旁沿着隐蔽的楼梯登临密室，不会引起别人的注意，也不用太监随侍。在楼上这间秘密的小佛堂中，她可以暂时远离1904年1月的政治烦恼[1]，在此寻求短暂的宁静与宽慰。当时，她的国家一切都显得那么无望。

放置太后宝座的宫室位于紫禁城东北隅三座宫殿中的第一座殿内。院落临近皇宫外墙，院中铺着大理石。主殿建在8英尺高的台基上，可沿汉白玉石阶步入大殿。

进入第二进院子，我第一次看到了用于非宗教建筑的“神道”[2]。神道由一块大理石雕刻而成，置于台阶中部，高度与两侧台阶相同，只

1 指日俄战争。

2 指大殿台阶中部的御路石。

紫禁城乐寿堂旧影

是以精美的双龙图案代替了台阶。它就像是在台阶上铺了一块厚重精美的“地毯”，但由于太硬，无法随着台阶的形状而变化。在很多寺庙入口的台阶上，都有这样的巨石浮雕，常人的脚不能触碰“神道”。像北京天坛那样有很高的台阶时，神道的效果更加美妙、独特、新奇。

这座建有“神道”的大殿，是太后宫区内最美观的建筑。内部高50英尺，顶棚有精美的天花，墙壁由上好的木料精雕而成，上面镶嵌景泰蓝团花纹饰，给人以雍容富丽的感觉。大殿正间两侧划分出几个小隔间，高度与正间相同。正间前部设有地平，上设宝座、屏风和羽毛扇[1]，这里比前面提到的有藻井的宫殿更为重要，是正式召见臣工的地方。地平的对面，摆放着雕刻精美的大玉缸，里面蓄水可以解夏日暑热。周围陈设着维多利亚女王送给太后的八音盒，以及其他几件欧洲王室所送的礼物。右侧的房间是皇帝在附近戏楼看戏时临时休息的地方，

1 按典章规定摆放的扇，亦称掌扇。

左侧房间即太后晚上的寝室。正间带有后门，门内以透雕隔断墙分隔出一个不大的空间，里面陈设一座高约5英尺大玉雕，精心雕刻着从山里开采和运送玉石的场景[1]。

中间这座大殿后，有一个与台基等高的大理石平台通向第三座大殿。第三殿的高度与前一座相同，两侧分为上下两层。其中的一个房间放置皇帝的宝座，现在他慨然同意将这里作为我的画室。来前就听说紫禁城里会有一个“宏伟华丽之处”供我作画，如今身临其境，才发现这里虽然高大宽敞，可是室内却很暗，前殿黄琉璃瓦屋顶的反射光也极不尽人意。因为院子很小，这种反射光无法避免。我心里顿时一沉，兴致大减。看到自己满怀期待的画室光线如此之差，我感到非常失望。

皇帝与太后不在同一宫区，他居住的地方比太后宫区更为华丽壮观，紫禁城内召见臣工的大殿就设在那里。

太后居住的宫区内有一座戏台[2]，但看戏的“包厢”不大，无法同颐和园那座气势恢宏的大戏楼相媲美。这里对遵守传统礼仪的要求，似乎比颐和园更加严格，好像每一件事都要向皇帝禀报。而在颐和园，太后似乎是第一号人物，传统戒律常常被暂时忽略。

---

1 指大禹治水玉山，上面雕刻的是大禹治水时的劳动场景。它高2.24米，重约5吨，自乾隆时期雕制完成至今，一直陈放于乐寿堂。

2 指宁寿宫区的畅音阁大戏楼。这是紫禁城中最大的一座戏台，共分上中下3层，对面的阅是楼为皇帝的看戏之所，相当于颐和园的“御用观戏楼”——颐乐殿。

第二十五章　北京城　开始为博览会画像

外国使馆区位于北京内城之内，皇城墙下。1904年，美国公使馆设在御河旁的一座中国寺庙内，具体位置在“水门”之左。水门旁的城墙口是1900年外国联军强行开启的，在此之前哈德门到前门之间是没有城门的。

清晨，我离开公使馆前往紫禁城，沿途风景如画。我坐的大车沿着与运河平行的道路行驶，路过豪华的英国公使馆大院，通过一座大理石桥，到了高大的皇城红墙下的狭窄街道上。城墙是中国建筑的一大亮点，体现了中国建筑的高超水平。被公认为世界奇迹之一的长城，便是众多城墙中的一处。长城之所以著名，就是因为它的规模和长度。几乎所有的中国城市都筑有高大而坚固的城墙，雄伟的城楼使整个城墙建筑十分巍峨壮观，成为中国建筑中的真正杰作；富贵人家的花园或官邸，也都有设计精美、功能各异的围墙。由于围墙拐角处建有凉亭，而使墙本身单调的线条富于变化。城墙比其环绕的城区要高出很多，守城的卫兵在角楼内能够眺望得很远。在中世纪时，这样的城墙对于进犯之敌或野蛮人的袭击，无疑具有很强的防御功能。

内城的主干道非常宽阔，中间有高约2英尺的人行道，帝后出行时会铺上黄土用作御道。但普通的车、轿不论级别高低，平时也可以使用。路况总是保持得非常好，就像是马可·波罗描述的忽必烈汗宫中的大道留存至今。这条中间加高的道路两侧较低，路况一般不是很好。小吃摊气味难闻，摊主操持着油炸类食品的生意；理发师在行人注视之

庆亲王像（卡尔绘）

庆亲王奕劻

下，在路旁为顾客理发和修指甲、修脚；卖旧铁器、衣服、蔬菜之类的小商贩，把货物摆在道路中央；猪、狗和家禽全然不顾地走来走去，各处游荡。一滩滩污水，一堆堆垃圾，到处是恶臭的环境。不过，道路上也不是没有可以观赏的景致，精雕细刻的店铺门面，飘着红色三角旗的典雅招幌，随风晃动的鲜艳灯笼，以及四处张开的流动商贩头上的大伞，这些是比较吸引人的地方。

进入皇城大门之后，道路条件明显变好，一路上官轿、漂亮的大车和装备着华丽鞍辔的马匹，熙熙攘攘。有时还会碰到外务部和其他衙门的官员，带着公文匆匆乘轿而行。偶尔也能从绿色官轿的窗子缝隙中，瞥见长着稀疏白胡须的某位大臣，如庆亲王那长着白胡子的瘦脸，新任尚书那桐那张很像犹太人的、春风得意的大脸（此人因受宠而得到升迁）。有时会有迎亲的队列经过，喜气洋洋地抬着红色绣花喜轿。有时会碰到豪华的出殡队伍，很大的红色灵车上盖着华美的绣品（婚丧礼的装饰都用红色），又粗又长的杠子由数百个穿红袍的轿夫扛在肩上，旁边还有各式各样跑龙套的人，中国人办丧事总要雇些这样的人。灵车后面是蒙着白布的马车，载着身穿白色丧服、哭哭啼啼的女眷。有时又见身穿黄色长袍的喇嘛和僧人，前往宫中参加什么礼仪，做完法事返回住处……还有驮着煤或其他货物，远道而来的驼队。我还遇到过每年一次进京请安的蒙古王爷队伍，他们的随从穿着皮袍、皮靴，马匹和骆驼也装扮得十分华丽。

所有这些，在我们前往紫禁城的路上都能看到或碰到。

在大墙之内和太后宫前，通常都有公差守候。出于对穷人和乞丐的怜悯，每天在某个时间内会允许他们进来，接受御膳房施舍的剩饭。这些穷人在大车把垃圾运走之前，还允许翻捡宫中的垃圾。大门前总是围着一群衣衫褴褛的乞丐，他们显然得到了门卫和士兵的好心关照，至少可以在那里自由行乞，相安无事。

我发现，现在作为画室的这间大殿光线实在太弱，即使是在大玻璃门前，也几乎无法工作。试了两三天，不得不将实情告诉主管太监。我不愿意为这种不愉快的事打扰太后，因为国事已经让她很是忧心，而且随着满洲即将开战的消息愈传愈烈，她的焦虑与日俱增。可是，在目前的状况下我的确无法工作。于是，我试图把大殿突出到廊檐外的部分布置成画室，为了得到充足的光线，这个地方上层糊纸的窗户也需要换上玻璃。对此太监很是犹豫，不敢妄自决定，说那样一来改动很大，不仅用资不菲，而且还要破例，宫里还没有哪处殿的上层窗户安装平板玻璃！后来，我在太后到来时讲到自己无法工作的缘由，太后也说这里太暗，并且同样注意到了黄色屋顶的反射光。她得知我的想法后，便马上命人执行，并说会同皇帝谈及此事。对于太后的命令，下边的人一向雷厉风行，两天后玻璃便如我愿更换完毕，办得如此之快令我惊讶。我把原来放在窗下的长榻挪开，大殿一端的家具被全部搬走。在移动一座精致的大象钟时，太监们显得有些犹豫，因为这座钟已在那里陈放了150多年，但最终我还是把它挪走了！即使没有家具，大殿的这端也只有一小块地方可以利用。不过自从我为太后画像以来，总算有了一个光线不错、相当安静的画室。

画室离太后的住处有一段距离，离后妃、公主等贵妇的住处更远，所以我可以不受她们打扰，安静作画。大殿供我使用后，太后为我准备了一套欧式家具，虽然与周围的环境极不协调，但坐在安乐椅上休息时，却感到椅垫真的非常舒适。

我刚把舒适的新画室安排妥当，太后便说起再画一幅大型肖像的

披珍珠披肩的慈禧太后

事。这幅画需要大到将太后及其周围所有必备的东西都收入画中（包括大羽毛扇、三扇屏风、九只凤凰、天竹等），还有摆成塔状的苹果，以及象征皇权的标志物等等。我说最好先画一幅小型的肖像，等小像画好后，再决定大画像的尺寸。对此太后欣然同意，我便着手绘制小幅画像。宫里有不少漂亮宝座都符合画面的构图要求，我选了一张庄重古朴、可以称作艺术精品的红漆宝座，可太后却不太喜欢。她的选择与画面线条和构图都没有关系，关键是每件东西都要合适。中国人所说的"合适"，指的是一定要合乎传统，"传统"与"合适"在那里属于同义词。宝座的事就这样被暂时放了下来。后来，太后说有一张宝座她很喜欢，准备将其画到像中，并说会在大幅画像着手绘制之前把它找来。

画小幅草图时，太后身着一件正式场合穿用的冬季朝袍，缎地绣花并镶着皮边，质地看起来比平时的衣着挺括，下摆边缘装饰着似乎有些沉重的珍珠，即使有皱纹，也会拉平。朝褂外面披着那件著名的珍珠披肩，朝冠上垂着珍珠和宝石串成的长长流苏，再佩戴大量只有重要场合

卡尔在紫禁城的画室——颐和轩内部

才使用的珍贵首饰。衣服内袖也镶有皮边，遗憾的是她那漂亮的手被遮住了一半，仅能看到细长而弯曲的指甲尖和镶嵌宝石的护指。而且，由于她握着一方淡蓝色大手帕，手的线条就全部被遮住了。

我心里有些不解，因为这样一来，太后一个重要的漂亮特征在画面上将无法表现。我让裕庚的女儿请太后变换一下手的姿势，得到的回答却是她不能这么做。于是，我只好操着生硬的中文，对太后说自己不喜欢她的手所摆放的位置。但太后却说："可我喜欢这个样子呀！"她注视着我，一副很开心的样子，口气显得既吃惊又充满魅力。她感到吃惊的是，她喜欢的事别人怎么可能不喜欢呢？结果，太后的手仍旧放在原来的位置，我也只好按照那个姿势来画。

第一幅草图很快完成了，太后表示非常满意，接下来开始讨论大幅肖像的尺寸。按照我的想法，感觉长8英尺、宽5英尺应该足够了，但太后了解到将来的实际效果后，则认为10英尺长和6英尺宽更好些。于是，宫里的木匠被叫来测量和制作画架，我尽可能准确地进行指导。中国匠人既聪明又有耐心，很善于领会，画架做得非常称心。但对于如何把画布绷到画架上，他们却有些不得要领，一时不知该如何下手。无奈，我只得试着自己来做。由于画布很大，我必须站在6英尺高的凳子上（因为他们没有梯子），才能够到巨型画架的上部。在首领太监的指挥下，其他太监站在周围帮忙，我用钳子将画布拉紧，画布的每个角都由太监用工具拉住，其他人则有的拿钉子，有的拿锤子。我说的每一句话，首领太监都要大声重复，干活的太监领会得稍有差错，就会遭到斥责，受到挨板子的威胁。最后，大画布终于绷好了，这项艰巨的工作总算圆满完成。太后得知是我亲自动手绷的画布，便大发其火，说应该让那些太监"绷上四五次"，直到他们学会为止。但我可没那么多画布让他们练习，在中国再也找不到一块多余的画布了。

第二十六章　满汉社会习俗

除了一些特殊场合，每隔一段时间，太后还会邀请王公贵族及满族高官的夫人等家眷入宫。因此，我经常有机会接触王公贵族和满族高级官员的夫人，以及他们的家庭成员。

进宫最为频繁的有庆亲王福晋和女儿、皇帝弟兄的福晋、皇帝生父的侧福晋及其女儿，以及聪明的顺王福晋等皇后的姊妹。经常进宫的贵妇还有大学士荣禄的遗孀，一年之内她先后失去了丈夫和颇有前途的儿子，曾为此悲痛欲绝。虽然她不是很聪明，也不是太后喜欢的那种类型，但她的痛苦经历似乎打动了太后，每次进宫都会受到特殊关照，并且得到了可以随意出入宫廷的优待。她有一个养女，从小体质虚弱，长大后成了御弟醇王的福晋。如果他们将来生了儿子，那孩子很可能会成为皇位的继承人。

一定级别的贵族结婚之后，新娘都要进宫拜见太后。这一礼仪与英国上层贵族结婚后，新娘要进宫朝拜女王有些相似。

新娘入宫时穿着色彩艳丽的绣花袍服，第一次梳起宫廷已婚妇女的发式，戴上缀满珠宝、用金丝镶嵌工艺制成的华贵头饰。前面的章节曾对这种头饰做过描述，在这种场合，她们更是浑身珠光宝气。满族妇女佩戴首饰，比汉族更为得体讲究。汉族妇女左右胳膊上所戴手镯，有时会各达15个之多，头上的珠宝更是多多益善，总之是尽情打扮。

新娘进宫时乘坐红缎喜轿，由婆母和新郎的已婚姐姐陪同，若婆婆和姑姐无法相陪，则由与新郎血缘最近的女性亲属出面。进宫后，首先

右起：醇亲王载沣及其生母刘佳氏、庶母李佳氏、福晋瓜尔佳氏（荣禄之女）。

要去御座间觐见太后，感谢她颁赐的贺礼。太后有时会同她们聊上一会儿，对将为人妇的新娘提出一些如何遵守妇道的忠告。从太后宫里出来后，新娘接着要去拜见皇后，会被留在宫中与皇后、公主一起吃午饭，直到下午3点钟左右离开皇宫。新娘一般都非常年轻，但有时我会惊讶地发现她们中有的早已过了青春妙龄，我原以为东方妇女出嫁的年龄都很早。皇后对入宫觐见的新娘都十分关照，似乎是希望帮助她们摆脱众目睽睽下的煎熬，尽量欢快地度过这一天。因此，皇后颇受大家的尊敬和爱戴。我在紫禁城的这个冬天，曾看到过不少新娘，其中有一位举止娴雅，容貌娇媚，远胜于荣禄的女儿即醇亲王福晋。这位新娘就是皇帝最小的弟弟的新福晋。

对于汉人而言，生女孩儿会被看作运气不佳。这是一种不得不忍受的现实，女孩在家庭里不受欢迎，也享受不到男孩特有的各种优待。但满族人对女孩的态度却有很大不同，他们虽然也喜欢儿子，但女孩除了不能祭祖外（这一点与汉族相同），在家庭中拥有相应的生活空间和独立的身份地位，不会受到任何歧视。一位驻华盛顿的中国使臣曾对我说，在世界上待字闺中的女孩子中，恐怕只有满族女孩在家中的地位可与美国女孩相比。

可以这样说，满族女孩只要尚未出嫁，那么在家里的权力地位就会与她的兄弟平等，并且永远都高于兄嫂或弟妹。即使嫂子的年龄很大，或者在女孩出生前就已经嫁到了这个家庭，情况也不会发生任何改变。女孩子在家里的地位甚至会超过她的母亲，因为她与这个家庭存在血缘关系，而母亲的血统则属于另外一个家庭。除此之外，法律上还明文规定，父亲未经长女同意不能独自决定分配家产。女孩还可以干预兄弟的家务，可以解雇他家的佣人，并参与兄弟的家庭决策。在兄弟子女的教育问题上，她的话比兄嫂或弟妹的更有分量，因为她与兄弟是一奶同胞，血脉相连，而兄嫂和弟妹都属于外姓人。女孩出嫁以后，如果自家

一个皇族家庭

的事不是很忙，仍然可以像从前一样在娘家及其兄弟家中发号施令。这就是满族家庭中血缘关系的力量和满族女孩在家庭中的地位。

满族未婚的女子不仅在家中享有自由，而且在家庭之外的社会关系中，也比其他东方女性更为自由。在社交活动中，她们不像其他东方女子那样受到诸多限制，个性活泼开朗，善于言谈，但文化素养却无法与汉族女子相比。

满族女子在婚姻上不会违背自己的意愿，只要自己愿意可以很晚结婚，有的甚至会终身不嫁。不结婚的女子不仅在家庭中的地位不会受到影响，在社会上也不会被视为怜悯和同情的对象。相反，她们若能长期恪守贞节，还会得到建立贞节牌坊的殊荣。我在宫里的那段时间，所见新娘都非常年轻，只看到一位年龄已经42岁的新娘。她在娘家时一直为两三个弟兄料理家务，并帮他们把孩子带大。后来她终于看上了一位富有的官员，此人两年前丧妻，新娘嫁过去后会帮助抚养他和前妻生育的孩子。假如她能坚持一辈子不嫁人，过世后或许会为她修建一座贞节牌坊，并被世代相传和纪念。

只有贵妇、女孩和17岁以下的男孩，才有机会得到太后的进宫邀请。至于满族贵族和高级官员，即使在特殊的节日被邀请进宫看戏时，他们与太后及宫中女眷之间也要张挂一道帷幕用来遮挡。亲王和权贵只能在太后接见大臣的宫殿内与之见面。现在太后已年过六旬，虽然比以前有了更多的自由，但一般来说官员觐见时只能见到皇帝，而永远不能进入后宫。欧洲马戏团进宫表演那天，我才第一次见到了差不多所有的亲王和满族大员。

满人生得比汉人高大，看上去也更强壮一些。他们爱好运动，擅长骑射，不像汉族人那样重文轻武。据说英国的马球传自印度，其源头却来自鞑靼，至今在满族中仍然有人在玩。但我在宫中却从未看到满人打马球，倒是见过年轻的贵族纵马驰骋，如果他们想打马球的话，应该不成问题。

贵族的武职官位可以世袭，年轻一代也会因为继承前辈精湛的骑射功夫而得到晋升。他们的这种尚武精神，曾使满族及其祖先女真人不仅征服了明朝，而且像匈奴一样几乎横扫欧洲。现在满人的尚武精神已大不如前，逐渐变得与汉人一样热爱和平，但仍可看出他们身上具有尚武民族的一些品质。

虽说剃发蓄辫是汉人被征服后而不得不遵从的满族习惯，有人将其看作屈辱的标志，但满人却喜欢穿普通的汉族服装。皇帝及所有的满族权贵均剃发蓄辫，脚穿小羊皮白底缎靴，夏天戴编制精细的草帽，冬天则戴皮帽，以红丝流苏结顶，帽顶按官阶高低镶嵌不同的宝石。有幸被赏戴花翎的，帽扣旁会有玉质翎管，用于插戴花翎。冬天除了穿紫貂皮制作的外衣上装外，毛皮只用来做服装的衬里，从不穿在衣服外面。

欧洲马戏团在颐和园演出那天，我看到的满族贵族都身穿华丽的夏季朝服，上面绣着双龙图案，衣长过膝，腰部紧束，肩部显得十分宽厚，使原本挺拔的身材看起来更加魁梧。可以看出，年轻贵族都将皇帝看作 “时尚的一面镜子和外形的偶像”，尽力追求模仿他的纤瘦身材乃至一举一动。这些公子哥的装束远比皇帝奢华。腰带的带扣是男子衣装中最漂亮的装饰，大多用玉或宝石雕琢，或者用金丝镶嵌宝石制成。他们在腰带上除了表这种中国绅士不可缺少的佩饰外，还佩挂着大量其他饰物，如绣花扇套、筷套、小刀套等等。表装在漂亮的绣花表套中，再吊挂在腰带上。表套正面镂空，露出工艺考究的表壳。表壳镶满宝石、珐琅，样式新奇古怪，连接一条别致的丝线编织的表链，链子末端大都拴系一块精雕细刻的美玉红石英或其他宝石。

满族妇女的袍服长而宽松，从肩部一直垂下，显示不出女人的腰身和曲线；相反，男人们却用腰带把腰束缚得很紧，并以自己有着瘦细的腰身感到自豪。

庆亲王奕劻之妾

在中国，满汉两族皆有纳妾之风，其婚姻形式称作“一夫多妻”似乎更为合适。妾或偏房的地位与正妻一样受到保护，同属家庭的正式成员，虽然正妻法律身份明确，但风俗对偏房同样予以保护，使她们与正妻一样不会轻易遭到休弃。我想，中国有能力纳一个或几个妾的男人总会存在，他们有时也会休掉偏房，但那样一般会为社会所不齿。

男子一到成年便会成婚，父母会为他选择门当户对、条件相当的女孩做媳妇。这个女孩娶进门后就是他的法定妻子，不管以后所纳偏房情况如何，第一个妻子都会在众妻妾中保持优先地位。一般来说，第二个妻子由丈夫自己选定，她的家境或许不是很好，但品行一定要端正，成婚时由正妻和婆婆（如果健在）迎进男方家中，此后便成为这个家庭的一员。她必须对正妻表示殷勤和尊重，同时拥有自己的仆人和权利，过着相对独立的生活。在很多事情上，正妻的权力要远远超过偏房。但一般来说，她们会融洽地生活在一起。正妻过门要比偏房早上几年，年龄一般也要大些，因此即使抛开法律地位和名分，她在家里也足以受到尊敬。偏房在正妻面前，未经许可不能坐着，她们的孩子要称正妻为“母亲”。生母对孩子拥有抚养和教育的职责，但如果她的身份是偏房，孩子就会直呼其名。在涉及孩子的重大问题上，权力也要让位于正妻。但是，正妻不会对偏房滥用权力，也很少干涉孩子的事情，除非她认为是为了孩子的利益才会出面干预。

从理论上讲，或者说按照我们欧美妇女的观念，这种状况肯定会让人担忧。但实际上，中国同一家庭的妻妾似乎相处得很好，她们在同一座住宅内分而居之。中国的住宅由多重院落组成，每个院子以围廊相连，自成一个相对独立的居住空间，同时每个单元又都是整体住宅的一部分。

妻妾们如同亲生姐妹，在一起融洽地生活。如果偏房品行良好、相貌端庄，正妻会感到自豪，她们之间似乎很少产生嫉妒情绪。

如果普通贵族家庭中偏房的地位尚能如此，那么不难想象，皇族中的情形如何？皇帝的嫔妃又会怎样呢？满族贵族的女儿被选入宫中做嫔妃，在家族中会被看作莫大的荣耀。当然，他们更希望自己的女儿能够成为皇帝的正妻——皇后，因为那样权力会更大。没有人会因女儿成为嫔妃而犹豫，因为嫔妃也有可能成为未来皇帝的母亲，那时她在宫中的地位将仅次于皇后或贵妃，甚至能与皇后比肩。在宫中，嫔妃与皇后一样被称作“主子”，满语意思就是“女主人”。虽然她们不能使用明黄色，但却可以用橙黄色，这在宫内其他贵妇是不能穿用的。

皇后以下的后宫嫔妃，并非普通人家容貌出众的女子，而是选自满族高级官宦之家；她们也不是出自皇帝一时的意愿，一般都由太后安排选定。如同选择皇后一样，太后也非常关注嫔妃的挑选，因为将来皇后一旦过世，她们很可能晋升到那一重要位置。中国皇帝可以同时拥有很多嫔妃，但在宫内他却从不与后妃住在一起。按照制度规定，后妃们都有自己的住所和相应的配给。在规制面前，个人魅力是无足轻重的，不论是妃嫔或是皇后。除了皇后之外，生育皇子、皇女的嫔妃也会享有更高的待遇。皇后即使没有生育子女，依然拥有自己单独的住所，仍被认为是举足轻重的成员和统领后宫的最高权威。光绪皇帝只有两位妻子，前面我在描述宫中的经历时，只提到了他的第一位妻子（即皇后），因为用到两个有关“皇后”的词会在叙述中引起混乱，谈到慈禧太后时，也要用到“皇后”这个词。另外，也因为光绪皇帝的第一位妻子，具有更突出的个性、更吸引人的情趣和品位。

第二十七章　太后的礼物

中国人过于重视送礼，这种习俗不仅民间十分流行，在宫内也不能避免。皇宫在北京被称为“大内”，意思就是帝国的中心。各种风俗习惯从大内传向四面八方，直达帝国的边疆，犹如心脏中的血液通过无数血管流遍全身。至于宫里的某些习俗，也会带有民间流传的痕迹。至于送礼这种风俗，究竟是从“大内”发展到“大外”的，还是恰好相反，我在此不敢妄言。但在中国它却是相当普遍的事实，就其规模而言，宫里可能已经到了登峰造极的程度。

人们逢年过节、过生日，以及婚、丧、嫁、娶都会送礼。其中最隆重的当数农历新年，那个时候从上到下都会相互赠送礼物。其次便是庆祝生日，其铺张程度简直到了极致。级别越高，年龄越长，庆祝规模就越隆重，收到的礼物也就越贵重。我看到的第一个祝寿活动是皇帝的万寿节，当时有数不清的精美礼物被源源不断送进宫来，数量之多,样式之美令我瞠目。其后到了太后的诞辰日，庆祝规模更是有过之而无不及，礼品无论是数量还是精美、贵重程度都要超过皇帝。这是因为太后所过的万寿庆典次数比皇帝多，寿礼的数量、价值与她的年龄成正比。寿礼的数量和精美的程度，还会随品级高低而变化。大学士和军机大臣收到的礼物，肯定会让西方人吃惊，其数量和品质当然远远超过各部尚书。而尚书收到的礼物，丰厚程度又要超过各部文书。

宫里每逢节日、庆典或者什么周年纪念都要送礼，难得哪天没有礼物送入、送出，也难得哪天没人互换礼物。皇帝和太后每年都要接受大量礼物，当然也要送出很多礼物。在我看来，太后在送礼方面实在是过于靡费了。

每当换季的时候，太后都要一视同仁，赐给皇后、公主及宫中贵妇很多礼物，包括丝绸、衣服、鞋类及应季饰物等。每逢节庆，太后也有礼物相赠。她们在宫里穿的所有贵重服装，几乎都是太后所送，每件大约300至600元，此外还有头饰和珠宝首饰。满洲贵族结婚一定会提前告知朝廷，届时太后会送给新人成匹的绸缎、绣品和珠宝；大臣家里有婴儿降生，太后会送给孩子漂亮的饰物；即使某位重要人物过世，太后也会给逝者的家人送上一份厚礼，或提供逝者穿戴的衣物。如果死者是位长期守寡的孀妇，而且一生乐善好施的话，得到的礼物更为丰厚。

太后第一次接待外国驻京公使馆官员夫人等女宾时，自然也会按照中国的习惯，为每位女宾都准备一份礼物。此例一开，公使夫人们似乎都很满意。到了义和团运动之后，她们再次接到太后邀请时仍显得非常高兴，因为这次每人又得到了礼物。但遗憾的是，这一友善行为却被曲解为拍外国人的马屁，说太后想从列强手里换取更大的利益。事实上，太后喜欢扮演一个慷慨妇人的角色，从不会把社交活动与政治混在一起。可以肯定，她赠送礼物只不过是随性而为，并没有什么“不可告人的目的”。经过最初几次觐见之后（那几次送的礼物确实相当贵重），太后在游园聚会时就只赠送一些小礼物了，于是这又成了受人奚落的话题。最后，公使们请外务部奏请太后，以后觐见不必再送礼物，于是原来的做法也就停止了。不过，太后在私下里还会有所表示，每逢中国的四大节日，她不仅会给公使馆官员夫人送些鲜花、水果和蜜饯，还会给游园时接待过的女宾每人一份礼物。外国驻京官员离任，临别时太后对其夫人也有礼品相赠。

虽然接见外国公使夫人时不再送礼了，但宫内和中国官员之间的送礼之风却依然如故。每逢太后和皇帝的万寿，尽管都明令禁止臣工送

穿中式服装的卡尔

礼，可礼物照样源源不断地涌入皇宫。每位能够在朝堂上受到召见，或者按其官职有资格入宫的官员，都会送上一份厚礼。太后禁止送礼的旨令仍在继续发出，但结果却像她多次下令阻止妇女缠足一样（多年以来，太后一直在诏书里建议废止），始终收效甚微。因为送礼习俗在中国已成为人们生活中的一部分，成了一个不成文的惯例，很难在社会上彻底破除。送礼自然会加重官员及其属下的负担，在这种情况下，改变只能来自百姓。

我在宫里住得久了，太后每次赐赠礼物都有我一份。每逢节日，太后送给公使馆官员夫人礼物时，也会送我一份。太后的很多礼物都能体现出对我的体贴与关怀，有的还是经过斟酌专门为我选定的。天气已经冷了，宫里的贵妇穿上了棉服。一天，太后派宫女到我的住处取走了一件衣服，让宫里的裁缝照样缝制一件丝绸棉服。衣服做得非常漂亮，我对此却一无所知，所以没有参与任何意见。线条不太顺畅的地方，太后又下令稍稍做了几处改动，并加上一条长长的彩色腰带，她觉得那样看上去比较优雅。公主们穿上皮衣的时候，太后又亲自为我设计长款皮装。她觉得我的皮衣应该既舒适暖和，穿着又要活动自如，方便作画。为了找到满意的设计效果，太后着实费了不少脑筋。到中国农历新年来临之际，太后终于送给我两套式样新颖的皮衣。裙装是按照旧画上的模样做的，上衣款式则介于中式和西式之间，不仅样子十分漂亮，穿在身上也非常舒适。

为了与皮衣配套，太后又特别下旨为我做了一顶貂皮帽子。因为中国贵妇不论冬夏，都会有相应的头饰与衣服搭配。太后送给我的这顶帽子，在绛紫色缎面上绣着金色吉祥图案。帽顶绣花，帽沿既可以翘起，又能拉下来捂住耳朵，淡紫色的带子可以在下颌处打结系住。样式也是仿照老画做的，太后说我的头发使她很费脑筋。后来我才知道，为了适合我这倒霉的金黄色头发，她竟试了三种貂皮！帽子前沿缀着一颗和公主头饰上一样的帽扣。这种帽扣只有宫里的贵妇才有资格使用，对于这个王朝具有某种象征意义，属于祖宗定制，一直被皇家视为特殊的珍宝。帽扣中央有一颗大珍珠，外围有三圈米珠和珊瑚珠相间排列的边饰。米珠和珊瑚一般认为代表火，火珠象征难得之物，是双龙永恒的追求。

此外，太后还送过我很多漂亮的小礼物。对此我将永远珍藏，作为太后曾经关怀“进入皇宫的外国人”的见证，从中也可以看出其慷慨的、希望给予他人快乐的天性。至于那些同太后一起散步时，她亲手采摘并送给我的花草，我同样希望能够保存下来，可惜它们都已枯萎，曾经拥有的馥郁芳香早已不复存在。

第二十八章　紫禁城里的冬天

送往圣路易斯博览会的大幅肖像进展顺利。因为我在紫禁城中的画室比较清静，很少受到外界干扰，可以安静地工作，所以画像进度也快了许多。不作画的时候，可以静心构思。太后仍像往常一样，常到画室摆好姿势坐上一会儿，但时间并不固定，而且经常是出乎意料地来到画室。这些天来，她看上去越来越焦虑，但必要的时候还是照常过来，对肖像的细节仍非常关注。她经常更换首饰和其他饰物，那件珍珠披肩在她看过草图后便不再戴了，因为她不大喜欢它在画里的效果。

至于开始画像时说到的那张宝座，是已故同治皇帝即太后的儿子送给她的礼物，在"义和团动乱"后便"失踪"了。太后觉得可以通过描述，或者让见过那张宝座的宫廷画师绘出草图，再由我照着画到像中。我对此虽不赞同，但最后却不得不遵从太后的意愿，勉强画出一张她所喜欢的柚木雕刻宝座。这张宝座对于整幅画像的构图而言，可以说比不上宫中的其他任何宝座，但没有办法，因为太后喜欢。

宝座后面为景泰蓝屏风，上面有9只栩栩如生的凤凰，颜色艳丽。但由于屏风离宝座太近，二者几乎靠在了一起，于是画好这些鸟就成了一个难题，弄不好会画得像真鸟在太后周围飞翔一样。花瓶等装饰物都等距离地摆放在宝座两侧，但只能按这个样子收入画中，否则便会不"合适"。画中人物正好处在屏风的中间，而且距离相当近，根本无法营造任何背景气氛。再者，袍服及其袖子一个衣褶都没有。现在，我不得不屈从于传统习惯，机械地"复制"着摆在自己面前的景物，而不再

紫禁城畅音阁戏楼

为画像做艺术构图上的努力，也不再进行任何别的尝试。我就像一个优秀的画匠，每天完成着很多英寸的工作量。

北京进入隆冬季节，天寒地冻，已不适合做任何户外活动，紫禁城内亦无诱人的散步去处，只能在宫内庭院或高墙之间的封闭通道中走走而已。即使是太后，散步也仅限于早朝时步行穿过庭院，从一座大殿走到另一座大殿。

我每天去画室工作之前，都能看见太后在自己的寝宫里做一些锻炼。有戏的日子里，我就直接去戏楼的御用“包厢”向太后请安。因画室内光线不足而无法作画时，我便到皇后和贵妇的看戏包间，去看最后一出戏和精彩的终场表演，这时总会有漂亮的灯彩设计和非常棒的舞台效果。

现在，太后和皇后似乎完全理解我急于工作的心态，因为只有如此，送往圣路易斯博览会参展的画像才能按时完成。她们知道我愿意参加那些新奇有趣的活动，也喜欢宫中盛典等场合，但不希望自己的工作受到干扰，所以遇到一些特殊节日和重要典礼时，虽然总会叫我参加，但去与不去则可以根据我的意愿而定。

我通常与贵妇们一起在皇后处进午餐，皇后待人殷勤周到。晚餐则在太后宫里进用。两只巨大的铜火盆放在太后寝宫的正间，虽然蓝色的火苗烧得很旺，但对如此高大的宫殿来说作用却十分有限。屋门上挂着厚厚的帘子，不时被出入的太监掀起，冷风不停地吹进殿内，不过大家至少可以围着火盆烤手取暖。火盆非常漂亮，这在一定程度上冲淡了寒意，我也很快适应了殿内的温度。中国妇女在室内也穿着厚厚的皮衣，如果太暖和反倒很难适应。

餐桌下铺上了大块地毯，脚踩在上面，要比直接接触冰冷的大理石地面舒服许多。这样做实际上是为我考虑，因为我的鞋比较单薄，而中国贵妇都穿着两英寸厚的软木底皮鞋。冬天的餐桌上总会有几个银色火锅，下面点着炭火，锅里冒着热气，里面的汤、菜和肉可以一直保持热度。一天晚餐时，我让一名太监把葡萄酒放到火盆边，这样喝的时候会减少一些凉气。不久后的一天，天气非常寒冷，那名太监带进来一个大茶壶，开始往外倒沸腾着的葡萄酒！中国人习惯喝温过的酒，所以他就把我说的“去去寒气”发挥了一下，还天真的解释说：这么冷的天，喝热酒更好！

宫里不演戏的日子，每当天色暗得无法继续画像时，我便去找皇后和贵妇们聊天。她们用作客厅的宫室就在太后寝宫的左边，可以在那里等着用晚餐。每到这个时候，皇后就会教我说中文。她非常认真地教我发音，似乎很想让我学好。对于初学者来说，中文实在很难，即使听力很好也无济于事。因为你的“音调”稍有不同，就可能改变字词的意思。有时，公主、格格们会一个接一个地说着同一个字，让我重复不同的声调，然后告诉我每个声调是什么意思。为了帮助我改进发音，她们有时还会说些双关语，或教上一串很难的绕口令，就像法国人教孩子“Trois gros rats dans trios gros trous”[1]。当我被这些字弄得糊里糊涂的时候，也会用“Peter Piper picked a peck of pickled peppers”[2]进行报复。她们都会试着说，笑得前仰后合，直到再也学不下去为止。欢笑之间，晚餐时间到了，当天的课程也就到此为止。

有时，皇后和贵妇们会在傍晚时玩一会儿牌，而太后似乎只喜欢玩仙人棋。这种牌是用纸板做的，条状，宽约1英寸有余；每副150张，每张都画着奇异的图案。同皇后一起玩儿牌时，我从来没有赢过。有时皇后还会编一种花边，先将金、银线或丝线固定在桌子中央，线的另一端坠以重物，然后用手穿梭编成漂亮的花带。公主、格格们绣了很多花样来为自己做鞋。漂亮的图案绣在缎子面上，做工相当精细。但绣活不能在晚上做，因为北京城里的两处宫殿都是用蜡烛照明，在中国只有颐和园里才有电灯。

一天晚餐时，皇后让我第二天早点儿去她的宫中，说有些东西要让我看。第二天早上大约9点，我到了皇后的住处，在宫门口被几个太监引进院子，这才知道原来今天是皇后的生日。我赶忙走上前去，看到公主和宫中贵妇以及前来拜贺的人都站在皇后受贺的宫殿前，她们说皇后吩咐要等我来之后再一起向她施礼，还说让我第一个进殿。我走进殿内，只见一身礼服盛装的年轻皇后端坐在宝座上。她头戴礼服冠，额前垂着珠帘，与其贵族形的窄脸庞极为相称，看上去非常优雅动人。见我进来，她便伸出纤纤玉手，我俯身轻吻了一下，并从心底里祝她幸福万年，万事如意，然后便准备退出。但皇后却让我留下来，看那些公主、贵妇们进来拜贺。我遵命站在皇后身边，看到每人进来后都向皇后行跪

1 法语，类似于中文的绕口令，其意为：三个大洞里有三只大老鼠。

2 英语，其意为：彼得·派克捡到很多泡胡椒。

同治皇帝朝服像
（清宫廷画家绘）

拜礼，并献上一柄玉“如意”。接受“如意”是按照礼仪行事，这与皇帝和太后的万寿礼仪相同。

冬天并不都是看戏或喜庆的节日，一些重要的忌辰祭礼也在这个季节进行。对先皇或祖先的祭祀十分隆重，而且要为每位过世的皇帝过忌日！忌日当天，很早就要在祖先牌位前举行祭祀礼和宗教仪式。太后及宫里的所有人都身穿素服，禁止一切娱乐活动。白色在中国是重孝的颜色，在亲人去世后要穿满三年。三年后可以穿紫色和蓝色服装（二等孝服），头上戴的花也应该是紫罗兰色、白色或蓝色。一天晚饭时，掌管宫中礼仪的最高权威——皇后对我说第二天是祭日，问我能否选择一种适合祭礼颜色的服装。因为那天是太后的儿子，同治皇帝的忌日。

第二天，我穿上了黑色衣服——我们西方人参加葬礼所穿的服装，头上戴着紫罗兰色的花朵。我们走进太后寝宫时，她正在起居室内的小佛龛前施祭礼。她身穿一袭深紫罗兰色袍服，上面带有浓密的黑色花纹。头上没有戴花，只用几粒珍珠作为头饰。样子比其他忌日时显得更加悲哀、真挚和虔诚。太后祭拜完毕，便转过身向我们道了一声早安，并像平时一样体贴周到地询问我们身体可好。随后我便离开太后寝宫，前去自己的画室。这天同皇后及公主、格格们一起吃过晚餐，向太后道晚安时才再次与她见面。太后一直不喜欢我穿黑色衣服，所以我已有好久不穿了。现在她看到我又穿上了黑衣，便向站在一旁的裕庚小姐询问原因。裕庚小姐告诉她，因为我知道今天是谁的忌日，所以才穿上表示哀悼的黑色衣服。听了这话，太后大为感动，用双手握住我的手说："柯姑娘，你真是心地善良，还惦记着为我分担悲哀。"说着，泪水便从脸上滚落下来，滴到了我那被她紧握的手上。

可怜的太后，个人的悲哀与痛苦回忆，其实并不是她怆然泪下的全部原因。这些天来，我已注意到她的忧虑与日俱增，似乎感到中国的政治局势相当严峻。听到日俄关系紧张，战争一触即发的消息，太后忧心忡忡，脸上布满愁云，看上去很是疲惫，仿佛内心充满了焦虑和担心，简直与平时判若两人。我推测，她是觉得国家目前毫无准备，很担心中国被拖入这场战争。即使清帝国不会卷入，敌对双方也毕竟是在自己的国土上相争。而满洲一旦燃起战火，那么大清王朝的摇篮、那片美丽盎然的国土将丧失祥和与平静，祖先的陵寝也可能遭受亵渎。这会给她的家族带来可怕的后果，一个虔诚的中国人宁愿付出任何物质代价，也不愿去冒祖先陵寝被侵扰的风险。这一切都迫在眉睫，太后陷入了深深的忧虑和痛苦之中。

第二十九章　宗教礼仪

中国有三大宗教——佛教、道教和崇尚自然（尚天）之教。其中尚天体现了尊崇无形神灵的宗教最高境界，是中国最纯粹的宗教形式。其庙宇位于中国北京城内最宏伟的园林内，即天坛所在地。其中最壮丽的建筑为祈年殿，三层圆顶，其外饰以象征大自然的青色，内部则为象征苍天的蔚蓝色，周围遍植百年参天古树。其他建筑规模同样十分壮观，分别为祭祀日、月、大地及农神之所。其中最为宏大独特的当属祭天之坛——圜丘坛，它以地为基，气为墙，天为盖，气势蔚为壮观。这座大型露天祭坛地位神圣，是天坛中的祭天圣坛，圣地之中的圣地，在这里对大自然的祭拜之礼可谓登峰造极。

有三层圆顶的祈年殿建在大理石地基中央，周围的参天古树以此为中心环绕生长，三个重叠的圆形屋顶象征大自然中天、地、人三位一体，上层圆顶的顶点则代表宇宙的中心。整个建筑坐落在三层汉白玉平台之上，每层皆环以雕刻精美的汉白玉栏板。东南西北各有9级台阶，拾级而上可直达平台。

在这个象征世界中心的宏伟坛庙中，称作“天子”的中国皇帝头顶蓝天，对无形的神灵顶礼膜拜，祈求大清国运昌盛、人民幸福。在这个崇拜无形神灵的祭祀系统中，天子即皇帝是唯一的大祭司，只有他才有资格在这一最伟大坛庙的宏大祭坛上，主持宏大的祭天典礼。

祭天大典每年举行两次，每次祭祀前皇帝都要严格地斋戒三天。举行典礼的前一天晚上，皇帝要在天坛守夜，那里有专供其守夜使用的斋宫。

天坛圜丘旧影

每年的夏至和冬至，皇帝以“天子”身份举行的祭天典礼最为隆重。

皇帝不仅有资格充当祭坛上的大祭司，同时在整个神职系统中还肩负着圣人的使命。在《礼记》规定的日子和一些特殊场合，他都在天坛和其他坛庙里进行祭祀。国家遭受水、旱等自然灾害时，皇帝也会到这些坛庙中，祈求上天佑护，停止灾难，把对人民的惩罚转降给他一人。既然他身为天子，就理应代民为国赎罪，接受上天的惩罚。按照《礼记》所记，出现灾害时他就会说：“罪当朕躬，弗敢自赦，惟简在上帝之心。其尔万方有罪，在乎一人。”

半年一次的祭天大典为最重大的宗教仪式；作为一位伟大帝国的统治者，这也是他参加的最为正式的典礼活动。祭礼前皇帝要沐浴斋戒，然后在王公大臣的陪伴下主持正式仪式。祭天大典场面壮观，各种陈设极尽奢华隆重。

身兼天子、大祭司和赎罪者三重身份的中国皇帝，虽然只在天坛等几所坛庙亲自主持祭祀，但帝国的全部宗教都处于他的保护之下。他同时也是各类宗教名义上的领袖，会一视同仁地出席佛教和道教的典礼活动，公正而无偏颇。这些宗教都有着各自的等级和复杂的仪式，其斋戒日和各种节庆日，在宫里都有相应的祭祀活动。

中国人是一个十分讲究“德”的民族，但并不笃信宗教，他们更尊崇宗教的哲学内涵而非宗教教义。佛教和道教在中国最为流行，却已变得日趋流于形式，曾经蕴含的宗教精神成了空空的外壳，只剩下历史延续下来的礼仪程序。人们信奉儒教，主要是崇尚它的道德伦理系统，其哲学性远胜于宗教。佛、道两教信徒都会尊崇儒学鼻祖孔夫子，并将孔子学说看作行为规范和道德准则。至于佛、道两家的教义，在中国已变得谬误丛生，无法为其信徒提供道德和理想上的帮助。不论佛教还是道教，其宗教仪式大都演变成了场面壮观、声势浩大的典礼，形式虽然多种多样，真正的宗教崇拜成分却很少。孔子学说与敬天、崇拜自然，成为这些信奉者遵循的道德与行为规范，他们的理想全部来自于自然。他们真正信奉的是儒家哲学，崇拜的则是大自然。皇帝每半年在天坛举行一次的祭天典礼，以及在其他寺庙的类似活动，才具有真实的宗教崇拜意义。

天坛祈年殿旧影

中国的宗教仪式，最早来自对自然现象的观察和对自然界周期性规律的认识，为纪念某些现象或事件，便有了春分、夏至、秋分、冬至和农历新年等时节。每当春分大地元气（滋养生命的元素）上升、秋分月圆元气收敛之时，都会举行大型的庆祝典礼。这些复杂的仪式，不过是中国人遵从自然规律的简单而具体的表现。正是由于这些礼仪所蕴含的生生不息的自然属性，才使它们充满活力而世代相传。现在人们举行此类活动时，虽然不会想到它们的起源，但自然的力量依然显而易见。尽管中国人固守传统，但却始终亲近自然，相信这也正是他们始终保持神奇活力的源泉。历史上，中国曾屡遭外族的侵扰与践踏，但令人吃惊的是，那些外来民族都无一例外地被汉族文化所同化。这是对这个神奇种族进行民族学研究的重要发现之一，没有哪个征服者能够改变中国人。

曾经作为征服者的蒙古、鞑靼和满族等民族，无不如此。他们都接受了中国汉族的哲学、宗教、风俗习惯，乃至政治体系。他们从来未能将新的政治体制强加在汉族原有的统治系统之上。

在中国建立异族政权的民族都是“野蛮好战的人”，对哲学知之甚少，更无文化素养可言。例如满族这个现代王朝的建立者，1644年进入北京时还是一个野蛮好战的民族，他们依靠武力取代了明朝政权，再通过妥协让步进行安抚，并以原有的制度和统治方式治理天下，如今已几乎与汉族人无异。与其他少数民族统治者一样，满族也没有给这个平和被动的民族留下多少自己的印记，反而与汉族完全融合，“当今的光绪皇帝被认为是最优秀的汉族代表人物之一”。今天的满人皆穿汉服，据说“剃发蓄辫”是他们取代原有政权后，强加给汉人的唯一屈辱标记，这真是命运的嘲弄！

现在满族已同汉族一样，都是爱好安宁与和平的民族。他们惧怕战争，以孔子之道为生活准则。虽然不是一个产生哲学家、思想家的民族，但思想观念却与汉族相同。这种自然的融合并不是由于满汉通婚带来的，因为皇帝只是在前几年才颁布允许与汉族通婚的法令，而且即使有了这样的诏书，迄今为止两族之间的婚姻仍十分有限。征服和统治中国人似乎不难，但他们的民族活力非常旺盛，几千年来始终保持着鲜明的民族特征。

月亮节（中秋节）是反映自然界元气内敛，准备过冬的时节，如我前面所言，这时的庆典是传说与现实相结合的产物，已经失去了原来的含义。而迎春仪式却保持着比较原始、朴素的特色，更加接近自然。惊蛰之日，大地从冬眠中复苏，元气开始涌动，新的生命在更替中诞生，这时宫里会举行温馨朴实的纪念仪式。萝卜和莴苣的嫩芽是接受大地元气滋养，最先破土而出的两种蔬菜，由太监用银盘托着跪呈给太后，她尝了一下便让皇后和贵妇们品尝。太后将第一株萝卜苗放到嘴边时，齐集在御座间的皇后、公主和贵妇们会一起为国家祈福，同声祝愿“国运

先蚕坛旧影

昌隆”，这一祝颂再由御前太监高声重复一遍。随后，跪在院中的太监会接着往下传颂，一声接一声地传遍整个皇宫，声浪直达外墙。最后再由太后祝愿:春阳旺盛，五谷丰登；大清百姓，永享太平!

这就是清宫里的尝鲜仪式，在春天万物复苏的时节，以简朴的礼仪表达对大自然的赞颂和感恩之情。用宫里最先生长出来的普普通通的植物，为圣上和整个国家祈福。我感到这一仪式很美，通过如此简单的方式，可以使这个注重传统和形式的人民回归自然本源。

每年皇帝都要举行亲耕礼，亲手扶犁播下第一颗种子；皇后主持亲蚕仪，亲手种下第一棵桑树。这些礼仪庆典无不体现出中国人对自然的重视与亲近。

丝织业是中国经济收入的主要来源之一，“护蚕人”作为一个荣誉性头衔，表明深受皇家恩宠。被指派为“护蚕人”的高级别妇女，无不以此为荣，心中充满感激。她们要前往养蚕的桑树林，参加每年一次的祭桑仪，献祭并祈祷桑蚕顺利作茧，这些仪礼都非常贴近自然。中国人本来就过着田园式的生活，是一个以农为本的民族。农业在这个国家受到皇帝的尊重，重农成为一种崇高的思想。劳动通过皇帝公开的身体力行，也已经不存在任何不干净的含义，而是上升为一种顺应自然和对国民重农行动的激励。

第三十章　太后轶事（一）

一个流行的说法是，太后出身卑微，曾经当过丫鬟，这与事实完全不符。太后实际上是一位满洲军队总兵的女儿，只有满洲贵族才能得到这样的职位。她的家族隶属满洲白旗，其地位仅次于黄旗，黄旗的最高首领即当今光绪皇帝。清朝开国初期，黄、白两旗为争夺国家大权曾发生激烈的较量，最终黄旗夺取了统治权而君临天下。太后在优越的家庭环境中长大，父亲是位很有才能的满洲贵族，她自幼便接受了良好的教育。

按照规定，满族官宦人家的女儿年龄到了17至20岁时，都要参加由皇后和太后主持的宫中选秀活动[1]。年轻的慈禧就是在咸丰年间选秀时，以聪慧机智和美貌被选入宫的，当时赐封为贵人[2]。入宫以后，她很快便赢得了太后和皇后的喜爱，同时由于出身于满洲望族，也得到了皇帝的恩宠。不久，她便从贵人晋升为嫔，在后宫中属第五等级。

同世界上其他地方一样，一位品质非凡的中国女人在家庭中，地位要在其他天资稍逊的妻妾之上。除非后者是正房，正妻在世时，其地位永远也不会被人取代。

咸丰皇帝的嫡福晋（正妻）在其登基前两个月去世了，后被追封为皇后。按照中国礼制，他在两年内没有正式册立皇后。后来，他的第一

1　秀女是清代后妃人选的主要来源。清初规定，满、蒙、汉八旗官员的女儿，凡年满13岁至16岁者，都要参加每3年一次的挑选秀女。选中的秀女除了充当皇帝的后妃外，还会配给近支宗室。

2　清代后妃共分8个等级，即皇后、皇贵妃、贵妃、妃、嫔、贵人、常在、答应，秀女入宫之初的封号一般为贵人、常在、答应或嫔妃，以后根据皇帝的意愿可逐级晋封。慈禧太后于咸丰元年（1851年）入宫，初封“兰贵人”。

东太后（慈安）便服像
（清宫廷画家绘）

位皇贵妃被晋封为皇后，正是在这位皇后主持后宫期间，慈禧被选入宫中并赐封为“贵人”，地位处在后妃中的第五[1]等级。

进宫两年后，慈禧生下了皇子载淳，即后来的同治皇帝。五年后，咸丰皇帝去世，载淳继位，慈禧这位年轻的母亲与皇后同时成为太后。她们受先皇遗命共同代理朝政，分别被称作东宫太后和西宫太后，拥有

1 按照清后的等级制度，“贵人”应处于第六等级。

同样的地位和权力。东宫太后慈安素喜安静，爱好文学，不像西宫太后慈禧那样具有杰出的执政能力。至今，慈禧仍然掌握着中国的命运。虽然两宫太后性格不同，却能融洽相处。她们相互欣赏，彼此了解，有着深厚的感情。在两人的长期相处中，这种感情从来不曾减弱。最初她们同为咸丰皇帝的妻子，而后共同为咸丰的儿子同治皇帝辅政，再后来又同时辅佐当今的光绪皇帝。这种和睦的关系一直持续到1889年东宫太后去世，在慈禧太后的安排下，东宫太后去世后也享尽哀荣。

太后的儿子同治皇帝当政期间，中国可谓危机四伏，灾难迭起。咸丰皇帝在远离北京的热河去世，他是在外国军队以镇压太平军为名攻入北京前夕，同他的朝廷一起“巡狩”热河的。当时的形势十分危急，中

恭亲王奕䜣

国领土的完整，甚至清帝国的前途，皆仰仗于皇帝和大臣们的决策与行动。在朝廷不在北京的日子里，一些强烈排外的反对派大臣宣布，他们受先皇遗命担任同治帝的辅政大臣。如果两宫太后也加入其中，那么中国将面临一场政治大混乱，至少会使中外邦交陷入危局，因为那些反对派永远不会向已经进驻北京的外国人让步。

对于当时的政治势力即那些有资格辅政的大臣而言，最重要的是取得两位太后的支持，因为她们对年幼的皇帝负有监护之责。为此，两个集团都与西太后进行了接触。年轻的西太后慈禧，当时没有任何管理国家的经验，对宫外所发生的事情也一无所知，但她却表现出对形势出色的判断力，很会把握时机，拒绝与排外势力联合。慈禧、慈安两宫皇太后受先皇嘱托辅佐幼帝，并启用了恭亲王。这位亲王一向开明，在皇室成员中与外国交往最多，他的名字在当时被看作中国进步的同义词。他与英法两国签订了和约，平息了与外国的争端。西太后在政治上初露锋芒，立刻引起了世人的关注，中国的进步政治家可以从她那里得到帮助。亲王和军机处的大臣们都公认这位太后具有超凡的统治能力，在她整个政治生涯中一直给予坚定的支持，在所有的动荡时刻都对她忠心耿耿。事实上，太后也很清楚怎样激励周围的人，使他们对自己忠心不二。

太后凭借对时局的适度掌控和超凡的决策能力，一直辅佐尚未成年的同治皇帝处理国政。到了同治皇帝18岁开始亲政时，国内动乱已得到平息，国际纠纷也得以避免，中国的形势比12年前同治即位时安定兴盛了很多。两宫太后在同治、光绪年间两度代理朝政，其间仅在同治皇帝亲政时中断了两年。同治帝18岁亲政，刚过20岁便去世了，这对慈禧太后的打击非常大。可是，她没有多少时间为失去儿子而悲伤，形势使她不得不带着深切的悲恸，与东宫太后一起辅佐她的外甥兼养子——年幼的光绪皇帝，再次承担起垂帘听政的责任。两位太后继续保护着另一个年仅5岁的小皇帝，代理朝政并为其亲政进行着漫长的准备。

只要了解一下慈禧太后执政以来中国的变化，对于她的政绩就会一清二楚了。太后代理朝政期间，中国可谓内忧外患，处于水深火热之中，国家需要一位强有力的智慧元首。此时的太后就像一位舵手，带领中国这艘航船行驶在两个极端之间。有时虽然为了避免陷入卡律布迪斯漩涡而进退维谷[1]，但最终她总能采取适度的行动化解危机。在政治上，她一贯“温和中庸”。很多世纪以来，中国同外国列强的往来已基本中断，当权者对现代国与国之间的外交方式全然不知。中国在近代对外交往中不仅没有显赫的记录，而且常常成为欧洲人的笑柄。有鉴于此，太后认为过去的外交策略并非上策，而应采用与欧洲人相同的行之有效的方法。

到了1889光绪亲政那年，太后已代理朝政28年，整个清帝国已呈现出相当繁荣的景象，开放商埠港口通商，在安定的基础上建立了海关，国际局势也相对平稳。

在光绪皇帝执政初期，没有多少值得一提的重大事件。他继续执行太后既定的温和稳健政策，遇事主要根据大臣的意见处理，自己似乎并无主见，对国家前途缺乏谋略，也没有做出什么进步和发展的规划。

直到1894年，中国与日本因对朝鲜的宗主国地位问题引发了甲午战争。在战争爆发之前，光绪一直是个被动的傀儡皇帝，但这种状况因日本的胜利发生了改变。战争的失败给中国上了最为屈辱的一课，因为此前日本在文学、艺术及建筑等方面一直追随和模仿中国。在中国人的心目中，日本只不过是一个模仿他人的民族，对这个国家抱有根深蒂固的蔑视。然而，日本的胜利却唤醒了中国这只处于被动中的庞然大物，使之从长期的自大状态中猛醒。难堪的失败使年轻皇帝痛苦不堪，他认为日本之所以取胜，只不过在于使用了现代战争方式。于是，光绪皇帝决心对朝廷进行彻底改革。

1 卡律布迪斯漩涡指意大利墨西拿海峡中岩礁对面的大漩涡，喻义腹背受敌，进退两难。

翁同龢

光绪皇帝满怀激情，准备在各部实施大刀阔斧的改革，感到自己能够带领国家走向进步之路。他立刻废除了原来的政策，并将一些激进的热衷改革者聚集在自己周围，让他们各自推行改革新法。

改革者希望一举废除国家科举制，实际上是彻底改变这一保守民族的教育制度，进而大幅度提高中国原有的教育水平。除了激进的改革派外，部分对现状不满的保守人士也参与其中，他们看到皇帝担忧国事并渴望变革，便纷纷借机提出自己的主张。结果，守旧派乃至极端保守的人都决定与激进派联合，希望趁机改变原有政策和当时朝廷的状态。每个人都从各自的目的出发，希望能借改革风潮推行自己的主张，力图使皇帝采纳自己的意见，让他相信只有在他们辅助下，才有望实现富国强民。两个对立的派别联合在一起，目的都是为了削弱太后手中的权力。改革派认为太后的政策过于保守和陈旧，保守派则认为太过激进。在两派势力的对峙之下，年轻皇帝掌握的朝政大权几乎化为乌有。

部分明智的中国政治家看到了这场危机，便恳求太后重新训政，请她继续给予皇帝一些忠告，以挽救中国于危难之中。太后对此次危险也早有意识，于是接受了这一恳求，回到宝座上重掌朝政。鉴于慈禧太后在中国的威望，光绪皇帝无法拒绝这位强加在自己头上的“老祖宗”，只好颁布圣谕请她训政。

太后再次训政后，光绪虽然未被罢免，在名义上仍然是皇帝，但却只能被动地接受太后的主张，太后再度成为中国的实际统治者。这就是外国人所说的1898年“政变”[1]。

太后在国家大事上的敏锐洞察力，使她能够坦然面对危机。她不仅惩处了激进派，也罢黜了那些极端保守派分子。激进分子被判以重罪并受到了残酷的惩罚，其头目康有为因事先逃逸才免遭逮捕。保守派的领袖人物、皇帝的老师翁同龢虽然未遭斩首，但却被逐出了朝廷。在中国，老师的地位对学生而言几乎与父母相同，正是由于翁同龢与皇帝的这层关系，才使他避免了更加严厉的惩罚。太后推行的一系列措施，被那些同情改革派的外国人看作是保守思想的复辟，因此太后本人也被认为是反洋派。这确实是一次反对改革的事件，或者说它直接导致了1898年“政变”。但是，假如康有为一党所主张的措施得以施行的话，很可能使中国陷入政治混乱，那样将对中华民族造成很大的伤害。因为中国当时还不具备实行激进派所倡导的改革条件。

“政变”以及随后对新政的扼杀，对于皇帝的革新之梦是一次重大的打击。他对自己奋力推行的改革遭到失败感到沮丧，这使他试图向世界展示中国依然强大、具有对抗日本实力的愿望全部化为泡影。而且，

1 指戊戌政变。

当他发现自己选择的强国之策，在短时间内无法让思想保守的国民所接受，改革根本无法实现时，更是感到深深的沮丧。虽然他对推行改革的困难事先已有所准备，但他生性敏感，这一打击又过于沉重，很快就变得消沉起来，原本就不健壮的体质也受到了很大影响。于是，皇帝的健康状态又立刻在太后的敌对势力和外国人中传播开来，传言绘声绘色，说慈禧太后企图杀害皇上！还有一种说法是太后把他幽禁了起来，一次想把他毒死，还有一次想把他饿死。光绪帝是太后的外甥，自幼体弱多病，由太后一手带大并将其视为己出！时间已证明这些报道并不属实，如果太后真的有意加害皇帝，那么是非常容易的事，有许多方法可以使用，因为她身边那些赤胆忠心的人，随时可以为太后做任何事情。

太后仍然是"帮助"皇上理政。按照中国传统，太后作为长辈地位要高于皇帝，她上朝时坐在宝座上，皇帝坐在旁边的椅子上，否则就不符合中国的规矩。而且一般情况下，皇帝在太后面前只能站着，这也是实情。但外国人说这些都是出于被迫，却不符合事实。光绪皇帝这样做是出于主动而非太后强迫，他遵循着中国千年不变的规矩，即不管是皇帝还是农民，儿子在父母面前永远要低上一等。太后再次执政期间，国事艰难，虽然像她这样年纪的女人都渴望安静地颐养天年，但她却认为目前还不是时候。

太后镇压了改革者，重新坐到了权力的宝座上。从"政变"发生之日起，她便被认作是"排外"者，而且应对那些无知的中国人的仇洋行为负责。政变后仅两年，义和团秘密结社，开始残暴地攻击外国人，那时的太后被看作是这些行为的支持者和教唆者。至少外国人认为，她不是命令的发布者就是义和团的大祭司（最高主持人）。实际上，义和团是老百姓自发的运动，背景远没有那么大，它从远离京城的北方省份的下层百姓中产生，而且在1900年中国人袭击公使馆很久之前就已形成。

在华的外国人公开表示出对中国人的轻视，不仅看不起这个民族，而且否定其珍贵的风俗与传统。改信洋教的华人可以触犯中国法律而不受制裁，列强不断向中国提出新的领土要求，甚至提出要干预中国对高级官员的惩处等过分要求。洋人这许许多多在其他国家不敢采取的蛮横行为，最终迫使这个平和而深受苦难的民族忍无可忍。小人物造反了！反抗爆发了！义和团以“还我中华”、“扶清灭洋”[1]为行动口号，他们至少要限制洋人的权益和在华势力的迅速膨胀。在义和团运动蔓延到京城时，这个团体已经得到了很大发展，人员越来越多，力量日益壮大。从下层百姓到社会上层人士，甚至最高统治阶层中都有追随者，某些皇亲国戚，如端郡王也加入其中。这对义和团起到了推波助澜的作用，使其成了受到欢迎的爱国行动。

长期郁积的不满演变成反洋暴力，最终引发了攻击公使馆的暴力行动。有报道说外国公使试图干涉中国政府，要求变法，逼迫太后退位，使之不再管理朝政。这种企图废黜中国神圣统治者的行为，引起了强烈的愤怒与反抗，人们顾不得去弄清楚事实真相，便盲目地认为：除掉外国政府的代理人，生活才会平静。于是，他们首先在德国公使克林德（Baron von Ketteler）前往总理衙门（现改为外务部）的路上袭击并杀害了他，继而又发生了对各国公使馆的全面围攻。

扶清灭洋运动如同滚滚洪流，势不可挡。它淹没了是非，淹没了理智，将所有对抗情绪卷到了一起。

皇帝和太后虽然掌握国家大权，但也无法阻挡这一潮流。他们只能因势利导，希望在事态进一步扩大之前，使人们恢复理性和判断力。可是，当人民认为自己受到欺压，正义又在自己一边时，世上没有任何力量能够阻止他们的反抗。皇帝和太后不得不耐心等待，因为在民众的暴怒情绪稍有消退之前，任何尝试都属于徒劳。没有人相信，以太后的智慧、30年的执政经验及对外部世界的了解，会不知道这种攻击外国政府

1 根据英文意译。

1900年，英国公使馆内的防御工事。

代表机构的行为将带来怎样严重的后果。可是她当时别无选择，中国的当权者无法制止那些处于疯狂状态的民众。于是，他们希望将朝廷的力量投入到疯狂的造反群体中，认为这样或许会使激愤的民众恢复一些理智。大沽炮台被外国军舰占领之后（此举实际上是这次不幸事件中的第一个战争行为），清政府正式对外宣战，暴民的行动由此带上了正义的色彩。

当我看到使馆区的位置，特别是最后所有外国人所集中的英国公使馆的位置，就位于紫禁城和皇城城墙之下，四面都容易受到攻击，如果围攻使馆的队伍中没有某种制衡力量，我确信用不了一个星期，就可以把那里的外国人全部消灭。使馆里的火力虽然猛烈，也只能暂时延缓这种结果的发生。假如没有什么强有力的行动去遏制那些围攻使馆的中国人，将不会有一个欧洲人能够活下来讲述这一段故事。我相信，这种牵制力量来自于皇帝和太后。

1900年夏天，太后和皇帝仍像往常一样居住在颐和园内。危机发生的时候，大臣和亲王们力劝二人留在颐和园，因为那里比较安全且便于逃身，但太后却坚持在联军进入北京城的前一个星期回到紫禁城。她抱着最后的希望，希望用自己和皇帝的圣驾阻止那些愤怒的士兵和疯狂的百姓。可是，禁军却没有遏制闹事者，或通过自己正常的理智影响百姓，而是与义和团同仇敌忾！这一次，太后高估了自己受拥戴的程度和百姓对“圣上”的崇敬。尽管圣上已经回到紫禁城坐镇，并在城里四处张贴告示，要求人们保护或至少停止围攻使馆，可除了时断时续减缓一些攻击之外，似乎已别无良策了。

最后，联军攻进了北京城。太后感到自己的权力已无法逆转时局，才开始像她的随从一样为自己担心起来。外国军队疯狂掠夺和残酷欺压百姓的消息，不断传进宫来，一想到落入外国人手中的后果，太后那种不屈的精神崩溃了，最后在极度恐惧之下同意逃离。她化妆成一个普通的农妇，为了避免暴露自己尊贵的身份，又剪掉了长长的指甲，坐着一辆普通的大车离开了北京城。太后是到最后一刻才勉强同意出宫的，匆忙离去后的皇宫一片狼藉，既没有带走珠宝首饰，也没能带上足够的衣服。当时外国军队已进入水门、到达英国公使馆几个小时了，她是在尽量坚持到最后。

逃亡西安府的难忘记忆，便从那天晚上开始了。虽有为数众多的皇

慈禧西逃后返回北京，这是进京后的护卫马队。

家卫队随行，但军队的士气已经大大受挫，加上兵士中有很多义和团民，不服从命令的现象相当普遍（不忠于朝廷的人占一半以上）。军官无法约束士兵，即使在圣驾前也是如此，混乱到了极点。疯狂的造反者已经意识到事态平息后，必定遭到外国人或中国政府的惩罚，这样的想法似乎又使他们变得更加疯狂。

太后和皇帝一行西逃时，要经过义和团的活跃地区，那里很多人都拒绝提供食物和住处，因为他们认为朝廷偏向洋人而反对义和团。与两宫同行的肃亲王曾回忆说，太后和皇帝都食不果腹，侍卫队的士兵偷走了为圣上准备的食物。我在宫里听说，只有皇帝经受了饥饿之苦，因为他也同宫里的其他人一样，宁可自己挨饿也不愿看到太后吃苦。太后曾对我说起过皇帝食物失窃的事，说她是几天后才知道皇帝一直省着吃，把食物都留给了自己。而她还以为宫里的人同自己一样，都多少有些口粮。

太后此次出宫西行，耳闻目睹了很多未曾经历的事情，也勇敢地承受了不少磨难。最初的惊慌过去之后，在逃亡西安府的途中，她又很快恢复了不屈的精神。那种善于看到事物幽默一面的能力，不仅帮助她渡过困难，而且为以后留下了很多诙谐的趣事。西安之行的经历，后来经常成为宫内贵妇们聊天的内容。我在宫里时，就经常听到公主、格格，甚至太监提起这些往事，那时这些娇生惯养的人第一次了解到外部世界的艰难。但公平地说，他们虽然历尽艰辛，却很少提到自己的痛苦，只是说圣上及随行的贵妇是如何经受磨难的。这次从北京到西安府的流亡，标志着皇宫里的生活进入了一个新的历史阶段，其前前后后发生的事情，时间上皆以此为分界。

太后勇敢地承受了种种辛酸，终于结束了这次危险的流亡之旅。回到北京后，她又得到了一个新的更为亲切、高贵的称号，被那些热情的崇拜者尊称为“老祖宗”。

第三十一章　太后轶事（二）

太后具有博爱之心，对穷人和不幸者十分同情。每次遇到需要帮助的人，她都表现出关怀之意，并给以慷慨的帮助。国内发生饥荒时，她曾下旨把食物分派到受灾地区。北京城里有一处大型收容所，每逢灾年会收留上万灾民并提供食物。到了冬季也会下达此类诏书，从皇家粮仓里向灾区拨发谷米。1904年12月6日，为了救济北通州的穷苦人，她就下令打开粮仓，向收容所和施粥处发放粮食1500石。

太后对身遭不幸的人也十分怜悯，每当听到民间有什么冤枉，总要想办法秉公处理。1904年12月19日的一份报纸上，曾讲述了一件太后为民申冤的事，现抄录如下：

“义和团暴乱”发生之前，有个姓王的恶棍欠一名伊斯兰教徒的钱不还。教徒多次催讨无效，便告上法庭，官府判决立刻还钱，并严惩了这个恶棍。结果，恶棍怀恨在心。义和团运动风靡北京时，此人成了一名小头目。一天，他带着一伙团民冲到那名伊斯兰教徒家中，将教徒及其一家11口人全部杀害，当时只有一个儿媳正在阁楼上，才躲过了这场劫难。这个儿媳目睹了暴行的整个经过，还看到那伙人在离开时，竟把教徒和他4个儿子的首级挑在长矛的尖上。

这个可怜的媳妇逃离了京城，直到几个月后才悄悄赶了回来。此时已是1904年，她发现了凶手的住处，便写了一纸诉状。

一天，太后圣驾正行走在两处宫区之间的路上，这名年轻的寡妇突然跪倒在驾前。太后看到跪在路上的女孩儿（她只有19岁），便命侍卫

清末某地水灾后，官府救济灾民。

上前询问发生了什么事情。只见女孩儿身穿重孝，将手中的状纸高高举过头顶，请求惩办杀害丈夫的凶手。太后读过诉状后，气得眉头紧蹙，脸色大变，立刻从队列中叫过一名太监，命他把告状者及其诉状一同送到刑部大堂，并传她的懿旨立即缉拿凶手，要求事情办完后向她禀报。1904年12月1日，杀人首犯王某和他的两个儿子、一个侄子被处以斩首。恶棍得到了应有的惩罚。

据说太后生活极其奢侈，不论其个人习惯还是宫中事务，无不如此。由于疏于管理，宫中的奢侈不仅存在，而且还非常普遍。贪婪的官员和太监掌握管理大权后，各种滥用权力的舞弊行为就会蔓延开来，宫里的事情就是这样。

皇宫里的奢侈之风，早在清朝入主北京之前就已存在了数百年，这也是很多中国经济学家一直研究的问题。历史上曾有几个皇帝希望杜绝奢侈，并试图从自己开始力行节俭，但却收效甚微。传说有位皇帝的龙袍袖子有些破旧了，便把内府总管叫来，询问做一件新龙袍的价钱是多少，得到的回答是需要用银3000两。皇帝觉得这件龙袍只是长期写字磨破了右边的袖子，为了给臣下树立勤俭的榜样，便决定不做新龙袍，而只是更换一只袖子，便命人将袍子拿出宫去。数月后龙袍被送回来的时候，让他感到既吃惊又懊恼：换只袖子的价钱比作一件新龙袍还要贵！

还有一位皇帝，在宫外微服散步时买了一种食物来吃，只花了几个铜板。第二次在宫里吃同样的食物时，皇帝问花了多少钱，得到的回答是4两银子。皇帝责备说太贵，并告之外面的价钱。内府总管解释说：在宫里或圣上的膳桌上，少于4两银是绝对无法办到的，如果还想只花几个铜板，除非皇上亲自到外面去买，然后自己把它带进来。但通过别人却没有这个价钱，因为它从宫外买来到摆到皇上的膳桌，需要经过很多人之手，最后的确要花4两银子。

这样几次削减宫内花费的尝试失败后，原本希望力行节俭的皇帝也不得不放弃努力。宫里从前的管理体制比现在要简单许多，那时尚且无力阻止内府的奢靡，而今想要改变多年形成的僵化管理，当然也就更加

慈禧的龙袍

困难了。尤其是太后已年近70岁，根本不可能亲自到宫外去查看某种物品的真实价格，据说她的膳桌上一枚鸡蛋就要花3两银子！所以宫里如果决定改革，就一定要从外面那些大小官吏改起，仅凭皇帝、太后个人的努力是无法改变现状的。

说到太后个人的奢侈，除了送礼外，我没有看到别的方面有什么过度之处。除了首饰外，其衣物的昂贵程度，还比不上一名美国百万富翁的夫人。在中国，服装式样没有什么变化，皮衣和绣花衣服的款式都代代相传。她的珠宝首饰无论是数量还是华丽程度，也没有超过任何一位欧洲君王。她有很多珍珠，这种珠宝被视为王朝之珍，太后十分喜爱。但她没有钻石和祖母绿，只有很少几件欧洲宝石。虽然她有很多上好的玉首饰，但玉和珍珠一样，在中国比其他任何国家都要便宜。

我见过这样几件小事，从中似乎可以看出太后非但不那么奢侈，相反还很注重节俭。在一次画像的时候，她决定换一下袍服的花边，便拿来很多花边挑选，最后选出一种，让一名侍女缝到衣领周围。我建议把花边剪下来，在袍子的边缘也缝上一道，太后却说这花边“很漂亮”，每条都是按照一件衣服的长度制作的，最好不要剪断，否则就无法装饰别的衣服了。还有一次，太后喝果汁时没有拿稳玉杯，果汁溅在衣服的前襟上。她很是气恼，自己清理了几次都没有弄掉，后来还是侍女为她除掉了污渍。她听说外国有一些好的洗涤方法，就说以后一定要派人去看看，因为一件好衣服不小心弄上污渍就不能穿了，实在是太可惜。

太后心中总是装着国事，是一位真正的爱国者。事实上，我在宫中感受的爱国主义和民族自豪感，要远远超过中国的其他地方。可以确信，太后有着强烈的民族情感，同每个中国人一样真心热爱自己的国家。一旦国家发生内忧外患，她就像自己遇到难处一样，表现得忧心忡忡。她当然也会犯错误，有时甚至会犯严重的错误，但她对外界的了解全部来自臣工的奏报，没有机会亲自出去察看实情，不出现更大的纰漏就已经值得庆幸了。

去年冬天，一项增加税金的计划呈报给太后定夺。这个计划可以使国家税收大幅度增加，但增加税收势必会给百姓造成不小的负担和压力。太后很快领会了新计划的全部内容，认为计划可行但需要斟酌。虽然偿还外国赔款需要尽可能增加税收，但她犹豫的是新的税法一旦确立，会给那些为官不正的人以新的名目盘剥百姓，因为在中国欺压人民的不是法律，而是那些执法的贪官污吏。这个关于增税的折子第一次递给太后时，她便不止一次地说："我担心这会苦了老百姓，不能再增加百姓的压力了，他们的负担已经够重了。"当然，她也不能责备相关官员，因为全国上下都要想方设法为国库增收，以便偿付对外赔款。

太后对人有着很强的判断力和洞察力，但对周围人的评价有时也会出现偏颇。这并不奇怪，因为她几乎没有机会看到她们真实的一面。太后精于相学，但了解别人毕竟不能全靠"相面"。她通常会给身边的人一定的言行自由，于是有的人便倚仗太后的宠信，暴露出一些真实的面目，对此太后会很快进行抑制，甚至很不留情地将其冷落一旁。对于自己看重的人，她有时也会根据别人的结论进行判断。侍从之间免不了钩心斗角，相互妒忌，她自然不能避免各种耳边风的影响。为了形成最终的意见，太后不得不去听宫里的闲言碎语，但敏锐的洞察力最终会使她作出正确的判断。

太后偏听偏信的毛病很重，经常轻信宠信者的话，往往对这些人略加考察后，便认为自己真的已经了解。这样一来很容易上当受骗，受宠者会毫无顾忌，有时甚至太后也会成为他们愚弄的对象。一些获得信任的高官、大臣、友人和侍从，就经常利用太后的这一个性，从她那里捞取好处。

太后有时会变得非常刻薄，但我发现这种刻薄总是有些理由的。她很冲动，也有脾气，但作为一位有教养的女性却从来不会有失体统。她生气的时候也不会提高嗓门，只是声音比平时少了一份甜美。她总是那样恬静、高贵。根据我的观察，太后对事情的判断力很强，如果她决定去做某事，就说明那件事非做不可。而一旦有人妨碍她实施既定计划，她就会毫不留情地将其置于死地。

太后的社交能力非常出色，恐怕很少有人像她那样机智和善于应酬。在她第一次召见外国人时，英国勋爵克劳德·麦克唐纳先生就曾这样评价：太后是“一位温和谦恭的女主人，她显示出了女性机智与温柔的个性”。苏珊·唐莉女士则好奇地说：“接待欧洲宾客时，她那高贵自如的仪态和风度是从哪里学来的呢？”就我所知，这些对于太后社交能力的评论，代表了北京所有外国公使馆官员的看法。

普鲁士王子阿达尔伯特（1884－1948年）一行访问北京时，曾受到皇帝和太后的特别召见。陪同王子前来的除驻京德国公使及其属下职员外，还有随行军官多人，组成了一个不同以往的庞大觐见使团。据说，太后接见男宾时总有些拘谨，不如接待女宾那样轻松自如。但这次接见年轻的王子，她却很有兴致地同他谈话。一位当时在场的先生对我说，这是他第一次看到太后在接见外交使团时表现得那么轻松。那天，太后魅力十足，兴致颇高，交谈时充满慈爱，使王子充分领略了她那独特的个性和不同凡响的社交天赋。

有人说太后是个完美的演员，把全部能力和魅力都用在了这些场合上，但我在宫里这段时间看到的却大不相同。她作为女主人表现得殷勤周到，对身边的人很是体贴，对别人的痛苦表现出深切的同情。我见过她在不同场合的表现，无论在大殿召见臣工还是私下与人相处，也不管是忧虑、悲伤还是喜悦，她对一切都充满爱心，而绝非残酷无情。我相信她是位真正的善良人，而且非常崇尚智慧，喜欢所有的美好事物。她的个性充满魅力，实在令人着迷，耐人寻味。我认为太后具有完美的女性气质。

第三十二章　中国新年

农历新年是中国民间最重要的节日，宫里庆祝活动也相当隆重、热烈。为迎接新年的到来，宫内布置得十分华丽、喜庆。精美的装饰和漂亮的羊角灯拖着长长的红丝穗儿，挂满庭院和回廊，灯的两侧映照出大大的红色“寿”字，使整个宫廷充满了欢乐的色彩。宫门上贴着身穿大红袍的门神，面目狰狞可怕，手中挥舞长枪，据说贴在外门上可以驱除妖魔鬼怪。每逢年节等喜庆的日子，宫里都照例上演大戏，并邀请重要的宾客前来一同庆贺。

中国人在过新年时要还清所有债务，如果没有现钱，就会变卖自己值钱的东西，以便无债一身轻地开始新的一年。他们认为，这样做老天爷会给自己带来好运。这时节还有一个古老的习俗，就是人们相互赠送很多仿制的银元宝，希望来年生活富足。

新年是赠送礼品最多的节日，人们无论贫富或职位高低，都会去送礼。这时太后不仅赏赐宫中贵妇、公主们新年礼物，而且宫里的所有人，甚至大门口的乞丐，都会收到相应的礼物。但新年礼物不会像生日礼物那样精致、贵重。太后接受的礼物主要是鲜花（她的御座间和其他房间都摆满了鲜花）——低矮而盘曲的盆栽果树、芳香富丽的牡丹，以及大量幽香四溢、被称为水仙的中国百合。太后尽量表现出很高兴的样子，以免自己焦虑的心情破坏节日的欢乐气氛。实际上，早已意料和担忧的日俄战争已经开火，对此太后极度焦虑！日本人已经进入满洲，此事将对中国造成多大的影响，目前谁也无法预料。

新年祭财神

虽然我在新年期间无法作画，但画像已经取得很大进展。太后看到画中手的样子：手掌被长长的内袖遮住——我最初就曾说过这个姿势效果会不太好。现在，她提出把内袖去掉，虽然只字未提手的位置，但我还是看出她有些迟疑，于是相信以太后的审美品位，最终一定会要求改过来。所以，我只涂了很薄的一层油彩，以便为下一步改动留些余地。几天后，太后果然对我说："你说的那个手的位置应该不错。"并建议左手放在垫子[1]上，说那样看起来效果会"很好"。我先在小样上改了过来，太后感到非常满意，后来大幅肖像中的手便是按照这个样子画的。

新年的喜庆活动尚未完全结束，太后便决定移驾三海宫苑。对于这

1　即宝座的迎手。

处宫殿，她虽然不像对颐和园那样喜欢，但比起紫禁城来总要好些。紫禁城内狭小、密闭的庭院，高墙之下的幽深过道，以及相对刻板的礼仪规矩，好像都使她感到沉闷和压抑。而三海宫苑之内，既有美丽的湖泊，又可以在园中随意漫步，景色要远远胜过紫禁城。

我在紫禁城的住处非常舒适，工作也取得了很大进展。这次移往三海宫苑，自然又要更换一间画室，可能还不得不让人将新画室的上层窗格换上采光好的玻璃。那样我又会失去一些时间，而圣路易斯博览会的开幕时间已经越来越近！但我别无选择，必须同朝廷一起迁往三海。听说画室被安排在了湖边一处壮丽的楼阁内，里面光线充足，足可以用来作画。我毫不怀疑那间楼阁的壮丽程度，但根据过去的经验，那里的光线能否尽如人意，却让我有些怀疑。

一天早晨，我们的轿子没有前往紫禁城，而是直接去了三海宫苑。所有的画作、画具、画布，还有画像时太后坐的宝座，统统被搬往三海，甚至一张小纸片、一小段儿用剩下的炭棒也没有遗漏。前一天，我

南海云绘楼旧影

在紫禁城画室工作到了最后一分钟，而次日一早，所有的东西便已在三海的新画室里布置妥当——肖像安放在了画架上，太后的宝座也放到相应位置。这简直是一次“阿拉丁神灯”般的转移！

太后为我安排的画室坐落在湖边，的确十分漂亮，但突出的廊子使我不得不再次要求更换了上层窗子。完工之后，这里就成了我进宫以来最棒的一处画室。天越来越长了，光线也变得越来越好，我现在最大的愿望就是尽快完成这幅肖像。

迁入三海宫苑后没过几天，北京的外交使团便要前来祝贺新年，皇帝和太后将在上朝的大殿进行接见，招待公使馆女宾的活动则安排在第二天进行。接待地点设在入口对着三海大戏台露天庭院的太后宝座间内。此时天气依然很冷，戏台和院子全被围了起来，上面又安装了玻璃顶，每块玻璃大约1英尺半见方，上面都绘有红色的“寿”字，四周又绘5只蝙蝠。庭院的大理石地面和通往太后宝座间的台阶上，都铺上了红色的地毯。虽然这里的宝座间不过是三海宫苑中最小的一处，但从敞开的大门望去却相当壮观。

由于是正式接见，外务部派来几位官员担任翻译，女宾方面则由使团团长、奥地利公使齐根男爵负责引见。齐根男爵先用法语发表精彩的祝词，祝愿太后、皇帝新春快乐，中国繁荣昌盛。他的祝词由外务部的翻译译成中文。太后代表皇上和她本人致答词，由联芳阁下[1]——一位优秀的学者译为法文。然后，男爵依次向皇帝和太后介绍各位女宾。接见结束后，男爵及随行人员、翻译随中国官员到旁边的殿中进餐，众女宾则由皇后陪同前往另一处宫殿参加午宴。

这件事过去没几天，就是元宵灯节了。但我的工作并没有因此间断，我整日作画，仅去戏楼看最后的终场戏和华彩表演。我们在御用戏

1　联芳，汉军镶白旗人。咸丰八年（1868年）曾随蒲安臣使团出访欧美，为清政府的第一代洋务人才。光绪二十七年（1901年）外务部设立后，担任外务部右侍郎。

宫女（卡尔绘）

楼内用餐，餐后可以观看漂亮的花灯游行。在我们用餐的御座间对面的庭院中，有一座用透明纱料扎成的漂亮牌楼，上面绘有各种精美的图案，除了里面的灯光装饰外，外面还挂着很多形状别致、制作精巧的花灯。身材高大、穿着红色节日盛装的太监，站在院子四周，手中高举硕大的灯笼，如同带有照明设备的巨大“女像柱”（这样的柱子多见于希腊建筑）。其他太监举着各种造型奇巧的红色灯笼，蜿蜒穿行于回廊和庭院之间。他们行至庭院中那座光彩四溢的牌楼前，变幻成一组复杂的图案，那些高举着的球形红灯则组成了一些吉祥字句，字形精准，场面壮观。

花灯游行和灯笼组字之后，一对浑身闪亮的狮子翻腾舞动进入院中，相互追逐争夺一只大“火珠”。火珠动作敏捷地四处避闪，狮子总是无法抢到。我一直没能找到有关“二龙戏珠”传说的起源，这一图案在宫里随处可见，在皇帝主持的正式庆典中也是如此，说明应该属于御用。它不仅出现在所有的宝座上，装饰着皇室的旗帜，而且凿于石、雕于木、绘于图，还作为官服的装饰，绣在宫中贵妇的朝服上。在帝后诞辰及所有庆典仪式上，都有“二龙戏珠”的生动表演。传说的意义似乎是：双龙代表大地的力量或邪恶势力，火珠象征王朝或天宇间的完美。火珠可望而不可即，似乎总在激励着人们不断努力。

元宵灯节之后的两个星期中，每晚都要在湖边燃放焰火。我们在太后的寝宫用过晚餐，太后和皇帝便在众贵妇的陪伴下，一同穿过庭院和花园甬路走向湖边，后面的随从人手一盏透明的羊角灯。湖岸上的焰火已经开始燃放，在火光的照耀下，可以清楚地看到冰面上的4只大冰橇。湖面封冻时，太后和众贵妇可以坐在上面让人推行。今年冬天天气相对较暖，冰面冻得不很结实，所以还没有用过冰橇。若在往常，太后和皇帝会坐着冰橇，在光滑的冰面上边滑行边看焰火。皇后和贵妃共乘一只，公主、格格们乘坐一只。冰橇带有布篷，里面衬着毛皮，铺设皮毯。内部三面设座，观看焰火时，旁边的棉帘子和前面的挡风玻璃可以收起。太后、皇帝都独自乘坐一只冰橇，皇后的冰橇上常有几名贵妇陪同。

焰火极其绚丽壮观，非常好看。花式焰火中的造型有宝塔、游廊美女、亭台葡萄藤、紫藤架，以及各式花坛等等，流光溢彩，相当逼真，都是我前所未见之物。就在元宵灯节期间，有一天我们在白天观看焰火，看到崩到空中的花炮爆裂时，有很多各种形状的纸制品飘落下来，其中包括鱼、龙等动物，还有旗子、花篮等物。见到有好看的东西落下，太后便让太监捡来交给她看。还有一些飘落到了宫墙之外，太后说如果被外面的穷人捡到，会为他们的生活增添一点快乐。

以前，元宵节放焰火时允许百姓进宫一起观看，但自从同治朝两宫皇太后垂帘听政之后，随着第一个外国公使馆在北京设立，这种做法便停止了。惯例的改变可能与公使馆的建立有关，因为担心外国人会混进宫来，所以只好把中国人也拒之门外。

我尽情欣赏璀璨的焰火，心里没有感到一丝不安，因为平时晚上也无法作画，观看焰火一点也不会影响我的工作。

第三十三章　继续画像　三海的春天

太后的画像什么时间完成最为吉利，成了一个需要商议的重要问题。我本以为何时画完可以顺其自然，但现在看来却没有那么简单。不仅画像开始的日期需要精心挑选，结束的时间也要经过多方面的考虑！通过查阅历书和认真讨论，最后选定4月19日4时前画完为最佳时间。太后将这个“吉时”告知于我，问能否按时完成。在得到肯定的答复之前，她似乎显得很担心，而是否能在那个选定的时间画完，我一开始也无法确定，因为自己从未想过要在某个特殊时间完成画像！当我最终告诉她说可以在4月19日4时前结束时，太后才高兴起来，说：“太好了！”还吩咐我不要让她失望。

在肖像即将完成的日子里，太后经常到画室查看画像中的各种配饰，似乎觉得这些细节同样重要。由于太后在早朝后会感到疲乏，所以总是赶在上朝之前来到画室，摆好姿势坐上两三次。我从早上6点半画到8点，头饰上的珠宝都是正式场合所用，均要再三斟酌。往往一件珠宝刚画好，太后觉得不太喜欢，便要求更换另一件，似乎从画面上去掉一件饰品就像她自己换首饰一样简单。太后提出这些要求时态度总是十分和蔼，对此我也从无怨言。有时她会说：“我给你添了这么多麻烦，你真是太好了。”我并不在乎麻烦，只是这些改动只能使画面逊色，而不会增加它的艺术效果。

太后还特意命人为肖像制作了一个精致的画框，并亲手设计上面的图案。上部为“二龙戏珠”图案和“寿”字，边饰也雕刻着象征“万寿

中海海晏堂旧影。慈禧在三海的寝宫被八国联军焚毁，这是在原址上兴建的西式宫殿，用于接待外宾。

无疆”的精美纹饰和文字。画框被固定在一个雕刻华美的架座上，形状很像中国人的立式穿衣镜。画框与画架均使用稀有的樟木，由宫里的御用工匠——中国手艺最精的能工巧匠制作。

白天逐渐变长了，宫里的树木开始吐露新芽儿，花蕾含苞待放，冰封的湖面渐渐融化，船儿又可以在水面上轻轻荡漾。早晨，我们前往太后宝座间时，也不必再乘坐暖轿去走弯路。舒适的游船再次停靠在大门内的码头边，又可以坐船直接穿过湖面，享受那份惬意的感觉了。

太后开始长时间散步，在户外逗留的时间更多了。有时我们早上前去请安时，她就已经在花园里了。一天，我们在湖岸边遇到了太后，在那向她请了安。还有一天，我看到太后和皇帝在查看复建中的宫殿，那里的原有建筑是八国联军占领北京时被烧毁的，当时联军统帅冯·瓦德西的司令部就设在三海宫苑。而今，一组富丽堂皇的宫殿又在原址上重现，皇帝和太后带着各自的随从，仔细查看着新建筑的每个部分，似乎非常关注修建进度。当然，他们视察时工匠们是不允许留在现场的。新宫殿中的一座将用于接待外宾，它在很多方面都体现出西洋建筑的设计思想与风格。但愿它不要丢掉中国自己的特色！否则外国人肯定会对这种创新感到遗憾，因为他们更喜欢典型的中国式内部装饰，即使不太适合现代的接待要求也没有什么妨碍。

有时，我们还可以看见太后坐日本“洋车”。那是一辆非常漂亮的金漆人力车，前面有两个龙头，车轮用的是橡胶轮胎。两名太监一个在前面拉，另一个在后面推。太后坐了一会儿，似乎对这件新的代步工具很是欣赏。不过她还是说，自己更喜欢走路或者乘坐平时的轿子。

三海宫苑内还有两种新式交通工具。一种是小铁路，从宫苑外门铺设到太后寝宫，上面的小火车带有发动装置和全套机械设备。这条铁路是开明的官员专门为太后修建的，目的是希望她对国内的修建铁路计划给予支持。可是，她虽然常说自己喜欢坐火车出行，但根深蒂固的实用

颐和园现藏洋车

中海丰泽园旧影。清朝皇帝赴先农坛亲耕前，在此举行演耕之礼。

主义思想，却使她不大关心这些类似游戏的设施。况且，她也不能忍受火车发动时的噪音，车厢又太小，觉得不该为了这么一小段路程而让自己感到不适，她觉得不值。

三海宫苑和颐和园都有几辆汽车，这些象征欧洲文明的新事物，都是贵族及留洋官员进献给皇帝和太后的礼物。其中一辆汽车的车身为明黄色，并带有金漆装饰，绘有双龙纹饰，四周有玻璃车窗，车内中间为太后安设了一个类似宝座的座椅。但一个无法解决的难题是司机如何才能站着把车开走。因为如果太后坐在车里，他就必须站着开车！其实，太后在这件事上倒是不想顾及什么礼仪，但她的随从却坚持反对，他们担心太后的安全，即使在宫内这么短的距离也不能马虎。我在园内的那段时间，太后始终未能一试，但相信以她的冒险精神肯定不会就此作罢，终有一天她会坐上这种现代化的交通工具。

四月，是中国人放风筝的季节。无论高级官员还是举止儒雅的文人学士，都会在这时放松一下，像孩子或年轻人一样以放风筝作为消遣。

太后和众贵妇同样喜欢这种活动。放风筝的第一天，太后把我叫到花园，那里一直是宫内放风筝的地点。风筝用纸糊制，形状有鸟、鱼、蝙蝠，甚至人形，风筝线缠绕在一个特制的可以转动的轴上。太后放风筝的技术甚佳，放飞一只后，便和蔼地将线轴递到我的手里，说要教我如何去放。我被叫出来的时候正在画室潜心作画，这时心里仍然想着尽快赶回去继续工作，况且我也知道自己对放风筝并不在行，于是就请太后让我在旁边观看。年轻的皇后和公主、格格们放起风筝来都非常娴熟，太后更是同做别的事情一样，样子永远都那么优雅。

一个春光明媚的早晨，我们又登上宫船，让动作娴熟的船夫轻轻划过湖面。我惬意地靠坐在垫子上，吮吸着春天醉人的芳香，品味着眼前静谧的美景。正当我悠闲地四处观赏时，岸上一群忙碌的身影映入眼帘。晨光中，官服上的金色绣花图案在闪烁，帽子上的孔雀翎映射着七彩的光芒，显示出他们的身份非同一般。在宫内看到这样的人聚在一起，就意味着重大而不寻常的事情将要发生。我立刻全神贯注地观察起来。船又靠近了一些，我看到一位衣着朴素、身材不高且略显清瘦的人，并立刻认出那就是皇帝。船慢慢靠近，又见皇帝走到不远处田边的一副耕犁旁，犁前套着耕牛。真是非常幸运，我即将目睹这年皇帝亲耕之礼的第一犁！皇帝亲耕礼一般在先农坛正式大典的次日进行，今天我竟有幸在宫内的一块农田上看到了，而且在一旁观礼的只有亲王等最高级别的满洲权贵。[1]

一切准备就绪后，皇帝握住犁的把手，将犁头插入土中，慢慢犁出一道清晰的田垄，田里的土被翻起时又撒下种子。我听说大典中的牛是白色的，而这次看到的牛则是柔和的如同母鹿般的褐色。它似乎是经过

1　亲耕礼是清代的重要典章制度之一。每年春天，皇帝都要亲往先农坛祭先农，躬耕耤田。在举行正式亲耕礼仪之前，还要在宫苑内行演耕之礼："皇帝耕耤，预演耕丰泽园。"（《大清会典》卷九七）丰泽园即在"三海宫苑"之内，卡尔看到的光绪皇帝亲耕，便是亲耕前的演耕之礼。

专门训练，能够很好地配合皇帝完成庄严的亲耕之礼，并与周围那些具有高贵身份的人和谐一致，保持着典礼的威严与隆重。

我很高兴能有机会亲眼看到皇帝亲耕的仪式，并由此了解到这种与百姓息息相关、已成为国民生活一部分的习俗，不仅在天坛和先农坛进行，而且在宫内也会举行相应的重要仪式。皇帝每年的确要亲犁第一垄地、收获第一把麦子，皇后也的确要纺第一缕丝、摘第一篮果子。

我在宫中乘船游览，从来不曾像今天这样，对慢慢划过湖面的宫船感到满意，因为它使我亲眼目睹了一场新奇的国家典礼；又因为亲耕之礼开始举行时，我的船恰好划经湖面，否则我将永远也无法看到这精彩的一幕。按规定凡有男人参加的典礼，太后的随从是不能到场的，因此宫里的贵妇无论何人都无缘观看这样的典礼！

第三十四章　画像送往美国

4月19日这个吉期越来越近了，画像在有条不紊地进行着。在这段日子里，太后对此事的兴致似乎也越来越高，总会花上很多时间在的画室中看我作画，表示自己对这幅画像非常喜欢。画像即将完成，我请求太后允许康格夫人在19日那天进宫观看，她立刻应允。随后由外务部发出请柬，不仅邀请康格夫人，还遍请各国公使馆公使夫人及一等秘书夫人，请她们4月19日入宫“瞻仰美国画家恭绘的慈禧皇太后肖像”。

公使馆的夫人们都非常高兴地接受了邀请。19日一早，肖像被装入精美的画框。太后决定先在宝座间接见这些女宾，然后再到画室来观摩肖像。这时，我仍在工作室里手执画笔，“吉时”到来前将一直保持工作状态，在画室中等候众夫人的到来。她们进来看画时，太后并没有亲自陪同，而是吩咐年轻的皇后和公主们帮我接待，这样会使气氛更为得体。在充足的光线之下，画中的太后通过周围中式器物、背景的衬托，效果较之其他环境要完美许多。这是太后有生以来的第一幅肖像，属于没有先例的新鲜事儿。夫人们对此都耳闻已久，观看起来兴致颇高，况且还能利用这个机会参观三海宫苑，这使她们同样兴奋。她们看到画像非常逼真，无不交口称赞。至于皇后和宫中贵妇的赞誉之辞，更让我有惶惶不安的感觉。太监们也说：画得简直太像了！当他们从窗前走过，看到画像时就像面见太后本人一样，顿生敬畏之感。

夫人们一边观看，一边热烈地议论。随后，她们被引到与画室相连的厅堂休息。按照太后的吩咐，那里为客人准备了午宴。席间，我看到

送往圣路易斯博览会的慈禧画像（卡尔绘，现藏美国华盛顿国家博物馆）

皇后以女主人的身份坐在餐桌旁陪同这些外宾，这在我进宫以来还是第一次，也是仅有的一次。她的这一角色做得非常优雅得体。

公使馆官员夫人观看结束，太后又通知我说，凡有资格进宫的王公贵族，次日也要前来瞻仰画像。按照宫里的惯例，男人不能进入女人的居室或住宅，即使进入我这个外国女人的工作室也不允许。为了方便起见，太后的肖像被搬到了画室外面的庭院中。由于画像很大，为了将其稳妥地安放在雕刻好的画座上，还必须借助于脚手架，先把画像提至一定高度，然后将其底部插入画座。安置妥当后，移开脚手架，把现场清理干净。接着，身着补服顶戴的王公贵族鱼贯进入院内，每人都靠近画像仔细观看，有的甚至用手触摸画面。遗憾的是，我只能躲在帘子后面观望，无法听到他们的评论。只能通过观察他们脸上的表情来揣摩，同样收获甚微。

一名跟随驻外使馆到过国外的满族青年，曾业余学过摄影，此次便奉太后之命为画像拍照。这时王公贵族们仍在院中，拍照后众人退下，圣像瞻仰至此结束。然后用脚手架再次将画像从木座上吊起，重新放回画室，这些几乎用了大半天的时间。

听到大家对画像的种种赞誉，太后感到非常高兴（当然，不会有人在她面前说什么不好的话），于是又决定接受几位高级官员的请求，允许另一些高官观看。为此画像被移到了外务部，让那些没有资格进宫的官员前去瞻仰。

在外务部，不仅中国的高级官员，许多外国驻京使节和公使馆的职员也都应邀瞻看圣容[1]。前来参观的很多外宾都身穿正式礼服，以表示尊重。在京的各类重要人物都有幸瞻仰完毕后，画像被装入有明黄色绸缎夹衬的樟木箱内，上面再覆以明黄色绸缎。最后，庄重地把箱子封好。画像的底座被放入另一只类似的木箱中。两只木箱都装有铜把手和圆形大锁，然后又分别装入另外两只更大的木箱，大箱子内同样衬以明

1 在外务部参观画像以及其后的送展情况，可参见“附录一”选录的相关档案材料。

黄色夹衬。一切准备完毕，装有画像和雕花画座的木箱被装上了平平的货运汽车。箱外铺盖着绘有双龙图案的黄布，货车装饰豪华，扎着红黄两色绸彩。考虑到使用普通交通工具运送圣像有些不妥，从外务部到前门火车站又铺设了一条专用铁路。

外务部官员及在京的其他高官，都身穿礼服护送圣像到车站，并目送它踏上前往圣路易斯博览会的漫长旅程。运载圣像的专列抵达天津时，直隶总督及全体官员都到车站恭迎，并举行了盛大的仪式将画像送

溥伦贝子

上轮船，由水路前往上海。从北京到上海，一路均有特派官员专门护送。

圣像抵达上海，同样盛况如前，受到隆重而热烈的迎候。两江总督及其下属官员全体到码头恭迎，然后又举行了盛大仪式，将圣像移至开往旧金山的太平洋邮轮上。从上海到圣路易斯，由高级官员及随从护送。画像抵达旧金山后，由一辆专车直接送往圣路易斯博览会。

皇族亲贵、固山贝子溥伦以钦派专员和太后代表的身份，出席了圣路易斯博览会。为了恭迎并亲自安置圣像，他已先期抵达。6月19日下午4时整，清帝国代表溥伦率特使团前往美术馆，开启已经运达的装有太后画像及其底座的包装箱。博览会艺术馆馆长、副馆长和美术部的几名职员均在现场等候。

肖像的内外包装箱被一一打开，箱内明黄色的衬垫上，完好地放置着覆有黄色绸缎的慈禧太后画像。恭敬地掀开上面的明黄色绸缎，太后肖像的“揭幕礼”就算完成了。溥伦提议为太后的健康和中国的繁荣干杯，在场的来宾均畅饮香槟以示庆贺。开启木箱和请出圣像的典礼，从下午4点一直持续到晚上9点。几天后，美术馆开始对公众开放。直到这时，画像才被揭开那层神圣的面纱，第一次与普通人见面，并同其他画作一样凭借自身的艺术价值而存在。而后，它将与博览会上的普通展品一起，成为人们观看和谈论的对象，任凭凡夫俗子们指指点点和嘲讽者随意评说！

博览会闭幕时，中国驻华盛顿公使馆派来一位代表，负责安排转运画像的相关事宜。肖像及其雕花底座被重新装入带有缎衬的箱子，开始运往华盛顿。太后在这幅画像刚刚完成并感到非常满意的时候，就决定将它作为礼品送给美国政府。她认为这样做比较合适，因为送展的提议出自美国驻京公使的夫人，画像又是由美国画家执笔绘成的。于是，美国政府接受了这份礼物——中国统治者有史以来的首幅肖像。

画像送达华盛顿时，举行了正式的赠送仪式。中国驻美公使、清帝国大臣梁诚率其属下参加，美国总统罗斯福先生代表本国政府亲自接受了画像。

第三十五章　回到颐和园

前往圣路易斯博览会参展的画像送走之后，我还有一些其他工作需要继续，所以没有马上离开皇宫。这年4月底，太后的圣驾才移往颐和园，时间比往年晚了大约1个月，这一年中接下来的日子都要在那里度过。城外的景色很美，树上已长满了绿叶，淡紫色、蓝色和白色的丁香四处竞放。我居住的醇王府花园，也开满了各色花朵，大门上爬满黄色蔷薇，甬路拐角处长着很多野花。外出散步时，我的小狗“蜜蜡”（音译）在园中四处撒欢，每次都会惊动很多飞鸟，偶尔还会不知从哪里窜出一只野兔。我回到了自己喜欢的这座王府，回到了园中的那座凉亭，回到了七王爷感叹人生、吟诗刻石的地方！在城里的皇宫住了4个月之后，园里的景色变化很大，自然界万象更新，一切都显得那么完美无瑕，让人感到心旷神怡！

颐和园更像是一座快乐的迷宫，到处是富贵的牡丹、馥郁的丁香和高洁的玉兰，榆树也早已吐放新绿。一切都生机盎然，都显得那么可爱。此时，我更能理解太后为什么总是渴望回到这美丽的园子了。

回到颐和园后，太后为我重新安排了一处合适的画室。她总是那么和善周到，即便无法理解画室对于画家的重要性，也知道我在没有干扰的环境中作画会非常开心。画室设在皇帝看戏包间后面的宝座间内，北侧上层窗户都换上了平板玻璃，往下看去是花园里的一个漂亮平台[1]。

1　卡尔为慈禧画像的地点，先后有颐和园乐寿堂、紫禁城宁寿宫区的颐和轩、中南海（具体地点待考）。1904年春返回颐和园后，又改在德和园大戏楼院内的庆善堂。

颐和园庆善堂，殿内西暖阁是慈禧为卡尔安排的新画室。

此时天已渐长，呼吸着新鲜的空气，在宁静的画室里从容地进行创作，这种轻松的感觉将为我的作品注入新的活力。

送往圣路易斯博览会的那幅大幅画像正式绘制之前，曾经画过一个小幅草样，太后希望保存下来留作纪念，对此我首先需要完成。另外，此前在颐和园为太后所画的另外两幅画像，也需要进行最后的修改润色。现在，唯一的不足就是画室离戏台太近，每逢演戏的日子，吵闹的音乐和演员的唱腔总是不绝于耳。窗外的院子里总有太监和太后、皇帝的侍从来来往往。我决定，如有事要去北京城内，就一定选择唱戏的日子。一次宫中演戏时，我真的进了城。第二天回到颐和园后，发现皇帝趁我不在曾到过画室，因为我看到了他留下的御用黄笺纸戏单，以及几页用朱笔批过的散乱纸张，而朱笔只有皇帝才能使用。其中一张纸上勾勒的显然是满洲的平面图，那里正在发生日俄战争。图上还画出了一部分长城，以及内地与满洲的分界线。

看来，皇帝脸上虽然总是带着淡漠的微笑，显得无忧无虑，对满洲战事似乎也漠不关心，其实他心里一刻未曾放下国事，也像太后一样担忧着国家的命运。或许他只是装出一副无动于衷的样子。虽然宫里的各种典礼和节日一切如常，但太后和皇帝这两位核心人物却各怀心事，皇帝牵挂的是眼下满洲的战争，太后则思考和筹划着对中国最有利的做法。

5月间，太后再次举办游园会，邀请各国驻京公使夫人，并仍然让我参加。那天，我到接见大殿时，离公使夫人到达还有一点时间。太后同我打过招呼，便仔细打量起我的装束。她看到我一身灰色的服装，没有一点鲜艳的色彩，就一边说要为我点缀一下，一边从旁边的花瓶里取出一支粉色的牡丹别在我的衣服上。这时我刚刚润色完成三幅画像中最大的一幅，太后告诉我说她特别喜欢这幅画像，所以决定在这次游园会上向外国女宾展示。我早晨离开画室前一点也不知道这个决定，所以没有任何准备，画像还放在画架上。我建议展示之前先装上画框。肖像的画框也是太后自己设计，造型优美，做工精致，属于宫中匠人的一件精美之作。画框保持着柚木的天然本色，素雅的色调极好地衬托着太后的服饰与背景的艳丽色彩，使整幅画像增色不少。太后听到我的建议，说马上会命人去装画框，并允许我饭后即刻回到画室，按照自己的想法进行必要的准备。

接见及宴会程序，同以往一样顺利结束。餐后女宾们被请到画室，观看太后肖像。太后显然忘了应该让我先回去准备一下，还一反惯例地走在众人前面，女宾们跟随其后，这样一来我当然不能走到她的前面。根本没想到太后会亲自陪着女宾去画室，对此我既感到莫大的荣幸，又实在担心太监不能如我所愿安排好一切，而且有太后在场我又什么也不能去做。跟随太后及众女宾走进画室后，我确实感到非常失望。肖像虽然按我的要求装进了画框，但却放在了狭窄房间的中部，两边所有的窗子也都被完全打开，光线从各个方向照射进来！本来我已遮挡了所有分散的光源，仅留下北面的两扇玻璃窗子，那才是摆放画像的最佳位置。但是，由于太后的宝座总是摆在房间的中央，所以太监们显然认为画像也应该如此摆放。一般来说，宫殿室内总是长大于宽，房间显得相对狭窄。画像大小与真人相仿，按照现在的位置，参观者无论站在何处，离画像都不足4英尺。再加上光源交叉分散，效果实在令人失望之极。我感到十分沮丧，但由于太后本人在场，无法让太监按照我的想法挪动一下位置，况且来宾都已经看到了画像。在威严的画像主人和我这个作者面前，她们除了赞美和恭维，也不可能再有其他评论。太后虽然见过肖像在合适的光线下是什么样子，但这时也仅仅是瞥了一眼，根本没有看出与平时有什么不同，相反对于此时的效果还似乎完全满意。

1905年出版的卡尔英文原著

不过，就在众女宾观看画像的时候，发生了一件有趣的小插曲。太后在这样的光线下粗略地扫视了一眼画像，竟然注意到画中袍子上的一处花纹表现得不够清晰。这时我正与几位女宾站在一起，她走上前来向我指出这点“不足”。太后握着我的手，几乎用请求的口气对我说：“这衣服边还有一点没有画好，你会为我修补好的，对不对？柯姑娘。”显然，她不了解绘画时应该多少留一点想象空间，只是一味地希望把所有的细节全部表现出来。

后来，这幅画像也被拍照留存。与送往圣路易斯博览会的那幅画像相比，太后更喜欢这幅，还说此像可能让我成为“名人”。但当我想到自己本来有可能在这独一无二的环境中，将这位极富魅力的女人画得更好时，这种“本来有可能”或许真是最令人感到遗憾和伤悲的字眼。

但无论如何，为太后画像的先例已开，让世人一睹中国圣上风采的做法终于被各方面所接受。太后的第一幅肖像，并没有像某些中国人所预言的那样，出现什么可怕的后果，相反它却战胜了许多世俗的偏见。当太后看到摄影术可以把肖像迅速拍摄下来，而且照片的效果又令人非常满意时，便决定让摄影师给她拍照。太后并非是通过一次尝试就可以得到满足的人。我想，她直到68岁才看到自己的肖像，现在她可以尽可能地展开新的幻想了。以后说不定什么时候，还会有别的画家按照西方技法为她画像，那时或许能在最佳状态下再现她的迷人个性。万事开头难，我虽然未能完全按照自己的意愿为太后画像，但却可以为后来者做些铺垫，此时我也只能这样自我宽慰了。早在第一幅画像即将完成时，太后就曾说过还想多画几幅，并建议我继续留在北京画画。我已经为太后画了4幅，接下来的事情不知谁来承担？

我感到自己不能再按中国的传统方式为太后继续画像，也不应在这恢宏壮丽的东方宫殿里虚度光阴了。外面的世界在召唤，我必须抓紧时间完成工作！最后一幅画像即将完成，这意味着我的皇宫生活已接近尾声。虽然我渴望寻找更为自由的创作空间，但真正离开皇宫时心里却有些惆怅，对太后和皇后尤其感到依依不舍，因为我真的很爱她们。在我有幸密切接触的人物中，太后的个人魅力要远远超过他人。年轻的皇后温柔善良，既尊贵又多存伤感，我将为之祈祷，希望她日后的生活更加幸福。我在中国神圣皇宫中度过的日日夜夜，与太后陛下及宫中贵妇一起相处的时光，将作为我生命中最美好的经历之一而永存于心，终生难忘。

附录一

卡尔为慈禧画像的档案史料[1]

美国驻华参赞卫理为卡尔即将来京事致外务部翻译恩厚函

光绪二十九年闰五月十三日

卫理致翻译官恩厚函称：康格夫人所荐之画匠，系赴美观会副监督柯尔乐之姊妹，现住上海，届期即来京觐见。

美国驻华公使康格为卡尔赴颐和园觐见事致庆亲王奕劻函

光绪二十九年闰五月十三日

径复者：

闰五月十一日接准贵亲王来函，以奉皇太后懿旨，定于六月十五日令康夫人带领所言画相人赴颐和园觐见。等因。此画相人系美国童贞女柯姑娘，即现调江海关原东海关税务司柯尔乐之妹，现随其兄居住上海。大约与所订觐见之期以先，必可来京。相应函复贵亲王查照是荷。

此颂爵祺。

附送洋文。

名另具。

1 原载《历史档案》2003年第3期，原文标题为《光绪年间美国女画家卡尔为慈禧画像史料》。

美国驻华公使康格为卡尔赴颐和园觐见事致庆亲王奕劻函

光绪二十九年六月十二日

径复者：

本月初十日准贵亲王来函，已闻柯姑娘现已到京。奏奉皇太后懿旨，即于十五日巳刻赴颐和园。等因。是日使臣之妻康拍克必当钦遵带领柯姑娘前往。相应函复贵亲王查照可也。

特复。即颂爵祺。

附洋文。

名另具。

国子监司业徐世昌为卡尔赴颐和园觐见事致外务部函

光绪二十九年六月十五日

仁庭、谱桐、孟陶仁兄大人阁下：

敬复者。顷奉来示，敬悉本月十五日巳刻美国使臣夫人偕柯姑娘等奉懿旨赴颐和园，已遵函知照敝军窦、赵两统领，转饬东宫门外一带站段看门弁兵查照放进，勿得拦阻，并饬妥为弹压照料，用副台嘱。

专复。敬请勋安。惟照不宣。

愚弟徐世昌顿首。

美国驻华参赞卫理为转送卡尔包封事致外务部函

光绪二十九年六月三十日

径复者：

昨接来函，送到画相师柯姑娘包封一件，兹已检收转送。相应函复贵参议大人查照是荷。

此颂日祉。

名另具。

附件 美国驻华公使康格为谢赏卡尔及康格夫人事致内务府函

光绪二十九年六月三十日

内务府诸位大人台鉴：

康格顿启。顷由贵内府送来皇太后赏美国使臣康格之妻兰花四盆，柯姑娘苹果四盒、菜二盒，当已由该各眷属敬谨领收。希贵内府大臣将感谢之意代为转奏是荷。

此颂时祉。

名另具。

内务府为转送慈禧赏赐卡尔事致外务部片

光绪二十九年八月初五日

总管内务府为片行事。

适据总管连英交出皇太后赏美国柯姑娘菜八品、点心四品、米两袋。相应片送贵部，刻即转交可也。须至片者，右片行外务部。

内务府为转送慈禧赏赐卡尔事致外务部片

光绪二十九年十二月二十二日

总管内务府为片行事。

适总管连英交出皇太后赏美国柯姑娘花四盆、普洱茶二圆、吃食四盒。等因交出。相应片行贵部，希即转送可也。须至片者，右片行外务部。

计红单一纸。

美国驻华参赞卫理为公使康格请参观慈禧画像事致外务部左侍郎联芳函

光绪三十年二月二十六日

径启者：

奉康大臣嘱，请询贵大臣，闻本日有将柯姑娘恭绘之圣容送至贵部之言，未悉可否容往敬仰？即希示复是荷。

特泐。即颂时祉。

名另具。

总税务司赫德为寄送慈禧画像事致外务部庆亲王奕劻申文

光绪三十年三月初三日

钦加太子少保衔·花翎·头品顶戴·二等第一宝星·总税务司赫德为申复事。

供奉圣容赴美一事，奉到二月三十日钧札内开：现在恭绘皇太后圣容告成，奉懿旨交本部祗领，转饬总税务司，敬谨寄至美国。即由赴美赛会正监督恭奉至散鲁伊斯（圣路易斯——编者）会场，俾共瞻仰。等因。除由本部咨行赴美赛会正监督遵照外，相应札行总税务司钦遵。等因。

奉此，总税务司查，前派总理文案税务司安格联偕同敝处翟师傅赴署，敬谨勘定一切，俟封装妥协，订明火车开行日期，即请由贵部届时饬派员弁、夫役等恭奉至车站。一面仍派翟师傅自车站护送至津，面交津海关德税务司敬谨祗领。由德税司订雇轮船寄往上海，由江海关好税务司敬谨迎迓，另订妥船，转寄美国旧金山口岸，并电知赴会之柯副监督即在旧金山恭迓护送会场，谨交正监督恭请安设，以昭慎重。

再，由天津至上海，由上海至旧金山，两项海程应有津、沪两关税务司保险，以期格外加慎，不稍疏虞。

所有奉寄各缘由，除札饬各该员等敬谨遵办外，理合备文申复贵部鉴查可也。须至申呈者，右申呈钦命全权大臣便宜行事·军机大臣·总理外务部事务·和硕庆亲王。

总税务司赫德为运送慈禧画像事致外务部函

光绪三十年三月初五日

敬复者：

奉到三月初四日钧函：以现在皇太后圣容，定于本月初六日六点钟，由本部恭送上车。即于是日十点钟开车，经天津以达塘沽。希先行电达德税务司，以便敬谨预备。等因。奉此，总税务司谨将恭拟办法业经呈明在案。

兹复奉饬，谨悉一切自应仍照前拟，令翟师傅自京至津随同护送，倾已电达津海关德税务司，令其于明日圣容抵天津车站时敬谨恭迓。俟祗领后，发一收单，交翟师傅持回销差。其由天津到塘沽，并由塘沽恭奉登轮等事，均应由德税司料理，一切与翟师傅无涉。现奉前因，合行函复鉴查可也。

专此布泐。顺颂日祉。

再，风闻街市谣言四起，有云明日由火车送皇上赴美者，有云甬道两旁拆毁棚间令人愤懑欲行自尽者，其说不一。兹特奉达，并请格外防范，不令出有意外之事是为致要。又及。

名另具。

总税务司赫德为运送慈禧画像事致外务部申文

光绪三十年三月初七日

钦加太子少保衔 · 花翎 · 头品顶戴 · 二等第一宝星 · 总税务司赫德为申呈事。

窃恭送圣容赴会一事如何拟办各节业经呈明在案。兹据敝署总理文案税务司安格联面称：初五日夜间行至崇文门大街，具见督办铁路胡大臣及执事洋员芦台、工程司伯经等，由堂子胡同直达车站，所设之铁轨甚属妥适，是以临时颇属壮观，并未出有意外之事。云云。又据翟师傅由津回京恭报：圣容系于昨日午后两点半钟安抵天津车站。比时已由德税司在彼恭迓祇领迄。并由德税司发一收单，恭寄转缴前来。昨晚又据德税司电称：圣容抵津祇领后，业已及时由火车恭送塘沽登轮，安置妥帖，于下午四点半钟即行开船前往上海。等语。

所有第一程自京至塘各缘由，除将德税司所发收单一纸恭缴外，理合备文申请贵部鉴查可也。须至申呈者，右申呈钦命全权大臣便宜行事·军机大臣·总理外务部事务·和硕庆亲王。

附收单一纸。

附件　津海关德税务司收单(译文)

光绪三十年三月初六日

今于塘沽火车站收到由翟先生转交标记有FAC　NO.1和NO.2的两个箱子。

津海关德税务司。

1904年4月21日下午2：30于塘沽。

美国驻华公使康格为卡尔请假事致外务部左侍郎联芳函

光绪三十年四月初三日

径启者：

恭绘圣容之柯姑娘现在稍有违和，明日未能赴园，约须将养数日，拟至本月十一日方可前往。希贵大臣即为达知庆亲王代奏是荷。

特布。即颂时祉。

名另具。

总税务司赫德为谢慈禧赏赐卡尔事致外务部

光绪三十年四月初七日

敬启者：

昨于初六日钦奉皇太后特赏柯姑娘点心八盒，谨领之余，弥深荣幸。兹特嘱代恳贵部具奏谢恩，实深感戴。

专此布渤。顺颂日祉。

名另具。

总税务司赫德为代卡尔受赏谢恩等事致外务部函

光绪三十年四月十一日

敬启者：

昨承面交四月初十日皇太后赏柯姑娘宝星一分、尺头四匹、绉绸四匹、洋缎絛十二板、针凿二匣、洋胰皂、花露水一匣、纸花四匣、洋花一匣、红茶六瓶，并面交一万二千两之银票一纸。恭奉后当即转交柯姑娘祗领讫。嘱即代恳贵部专行具奏谢恩，是为至祷。

再，柯姑娘本拟于十五日下午前赴平日坐落之处住宿，以便十六日进内，将经手未完各画点染竣事。可否如此？或应另由皇太后钦点觐见之时，以便敬谨当面谢恩之处函请示知，遵办为要。

专此布渤。即颂升祺。

名另具。

美国驻华公使康格为谢夫人因引荐卡尔受赏事致庆亲王奕劻函

光绪三十年四月十四日

径启者：

本月初十日有贵部中大臣来馆向敝内眷云：前荐往大内之丹青柯女史所绘之件已告竣。其所绘就者均称圣意，故蒙皇太后特赏宝星一座，并迭赏银两及贵重品物。等语。敝内眷敬悉皇太后素擅丹青，既经于所荐之女友，谓其颇有才能，善于绘事，自非虚誉。并于内廷留宿之日，款待格外从优。是以请本大臣转请贵亲王将此感激之忱代为奏谢是荷。

特此。顺颂爵祺。

附送洋文。

名另具。

总税务司赫德为代卡尔受赏谢恩事致外务部函

光绪三十年四月三十日

敬启者：

四月二十六日钦奉皇太后颁赏柯姑娘吃食四大盒，业经祇领。慈特嘱请贵部代为专行具奏谢恩，弥深感荷。

专此。恭代奉恳。顺颂升祺。

名另具。

美国驻华公使康格为报卡尔赴烟台事致外务部函

光绪三十年五月十七日

径启者：

据本国丹青女史柯姑娘称：现因有事须赴烟台，拟在该处小住数日。向蒙皇太后格外恩待，铭刻不忘。际兹他往，不及陛辞，心殊怅惘，恳为转请贵亲王代转奏谢。前所摹绘各件，如圣意有欲增添之处，奉到传谕，必即遵召前来，否则不再来京。等语。相应函达贵亲王查照，希即据情代为奏谢是荷。

特此。即颂爵祺。

名另具。

总税务司赫德为代卡尔受赏谢恩事致外务部函

光绪三十年五月二十一日

敬启者：

五月十九日钦奉皇太后颁赏柯姑娘燕窝一匣、银耳一匣、普洱茶一圆、藕粉一匣，当由总税务司敬谨代为祗领。第柯姑娘业于十七日起程回国，只得封固妥协，赶程飞递，俾得敬谨接收去讫。合特备函奉恳贵部代奏谢恩，以伸铭感。

专此肃泐。顺颂升祺。

名另具。

驻美大臣梁诚为慈禧画像运抵美国事致外务部咨呈

光绪三十年四月十八日

钦差出使美、秘、古、墨国大臣梁为咨呈事。

窃照本大臣于光绪三十年四月十六日承准贵部咨开，光绪三十年二月二十一日内廷口传：现在恭绘皇太后圣容告成，交外务部祗领，饬总税务司敬谨寄至美国，即由赴美赛会正监督恭迎至散鲁伊斯会场，俾共瞻仰。俟该监督观会事毕，应令出使美国大臣转达总统，敬谨赍送美国国家。等因。除照会美康使转达美政府外，相应咨行贵大臣钦遵。等因。

承准此，查本大臣前承准贵部电咨，皇太后圣容已派沈道能虎于十九日由美国协隆洋行船名西比利亚恭奉赴美，俟会毕，即由贵大臣转达总统，赍送美国国家。希遵照。外务部。宥。等因。当经遵照咨呈赴会正监督·固山贝子溥（伦），并照会美外部转美政府在案。

旋据金山总领事钟守宝僖禀称：四月十三日午后两点钟皇太后圣容安抵该埠，经偕同随员、翻译等遵札敬谨照料守卫，仍由委员沈道护送前往散鲁伊斯。等语。

兹承前因，除俟会事完毕，钦遵转达总统，敬谨赍送美国国家再行奏咨外，理合备文声复。为此咨呈贵部，谨请察照。须至咨呈者，右咨呈外务部。

钦命赴美国圣路易斯博览会正监督溥伦为报慈禧画像安抵美国事奏折

光绪三十年四月三十日

奴才溥伦跪奏，为恭迎皇太后圣容行抵散鲁伊斯，供奉礼成，恭折具陈，仰祈圣鉴事。

窃奴才前准外务部咨称：光绪三十年二月二十一日内廷口传，现在恭绘皇太后圣容告成，交外务部祇领，饬总税务司敬谨寄美，即由赛会正监督恭迎至散鲁伊斯会场，俾供瞻仰。俟该监督观会事毕，应令出使美国大臣转达总统，敬谨赍送美国国家。等因。除照会美康使转达美国政府外，相应咨行钦遵。又准电开：恭绘皇太后圣容告成，由总税务司谨寄会场，希即预备处所，敬谨恭奉。又准电开：皇太后圣容已派沈道能虎于三月十九日搭坐美国协隆洋行西比利亚轮船由沪启程，恭奉赴美。各等语。

奴才伏查，恭绘皇太后圣容告成，由外务部饬总税务司敬谨赍送赴美，并派令前直隶通永道沈能虎由上海恭奉一同赴美。迭经咨行出使美国大臣梁诚遵照转达美国政府，暨札饬金山领事恭俟抵埠，敬谨照料，以昭慎重。并由出使大臣梁诚接准外务部各电咨，先后抄送奴才遵照前来。

四月十五日据金山总领事电禀，皇太后圣容安抵金山，当经奴才电咨外务部在案。并饬副监督黄开甲、柯尔乐电致铁路公司，选备轮车，恭送至散鲁伊斯，并照会会务总办福兰西司细心照料，俾臻妥洽。奴才会同出使美国大臣梁诚谨诣恭迎，于二十九日平安行抵会场，于三十日敬谨供奉礼成。綮维我皇太后圣德渊涵，宸怀愉畅。天心眷佑，寿考无垠。地肺交通，升平有庆。绘摩日月，恍传吁咈于写真。瞻就云天，俾睹容光之必照。虽帝谛皇煌，刻画曾垂诸金石，而尧眉舜目观瞻未讫于瀛壖。今当美国百年开会之期，恭值圣容万里遥颁之日，龙光载御，如闻警跸之声；象译胪欢，共献承平之颂。合鞮寄四方以观礼，会衣冠万国而襄仪。奴才等恭逢盛典，庆幸莫名，钦至德之光昭中外，咸徽夫禔福；播徽音之巍焕遐迩，胥赖以蒙庥。

除俟会务蒇事应由出使美国大臣梁诚转达总统敬谨赍送美国国家外，所有奴才祗遵恭迎供奉礼成缘由，谨会同出使美国大臣梁诚合词具陈，伏乞皇太后、皇上圣鉴。谨奏。

光绪三十年六月二十二日奉朱批：敬悉。钦此。

钦命赴美国圣路易斯博览会正监督溥伦为报慈禧画像安抵事致外务部咨呈

光绪三十年四月三十日

钦命前赴散鲁伊斯赛会正监督 · 贝勒衔 · 固山贝子溥为咨呈事。

本监督会同出使美国梁大臣恭迎皇太后圣容抵散鲁伊斯会场，敬谨供奉礼成。拜发安折二封、正折一封，由散鲁伊斯交递，并抄录折底、附送印花，咨呈贵部代为呈递可也。须至咨呈者，右咨呈外务部。

计抄原奏一件，印花一封。

美国圣路易斯博览会副监督卡尔（柯尔乐）为慈禧画像运抵事致外务部电

光绪三十年五月初二日

敬启者：

现据赴美散鲁伊斯成赛会副监督柯尔乐电称，皇太后圣容安抵无误云云。合行恭译，函请台鉴可也。

顺颂升祺。

名另具。

驻美大臣梁诚为报慈禧画像陈列情形事致外务部函

光绪三十年五月初四日

敬启者：

四月初六日肃布美字第三十四号函度邀堂鉴。诚于初十日前往散鲁伊斯会场，以华商赛会陈列货品等事谒商伦贝子。十五日随往纽约，赴美国亚州会等处之请。纽约地方官如府尹马克列伦等、绅士如狄彪等、富商如古庐等，莫不殷勤款接，敬礼有加。具柬相邀者，凡数十处。适接金山总领事电禀：沈道恭奉皇太后圣容由金起程，不日可到。诚即随伦贝子驰回会场，一面订定专车前往迎迓，一面商妥会场总理佛兰息士等，择定美国国家画院正厅为恭奉圣容之所。二十九日傍晚，专车行抵散鲁伊斯，先经诚等布置，借用会场铁轨，三十日直送至画院门首。其时，佛兰息士及各总办、执事人等均具礼服，随同诚等督率夫役数十名，经历五时之久，敬将圣容奉入厅事当中悬挂。时以子夜，中外男女翘首瞻仰，皆以幸得瞻就云日为希有之遭逢也。当经伦贝子挈列诚衔恭折奏报，并抄达冰案。（下略）

专肃。敬请台安。诸惟朗照。

梁诚顿首。

总税务司赫德等为转送卡尔（柯尔乐）收到画像收据并请示会毕画像如何办理事致外务部函

光绪三十年七月初五日

敬启者：

恭送圣容赴会一事，前于五月初二日据电称安抵会场无误云云。函呈贵部在案。现有赛会副监督柯尔乐缮备收据一纸，转由上海税务司恭寄到京。除将此项收据送呈查阅外，一俟会毕，圣容一座另有何项饬办之处，应请酌示，以便转饬柯副监督遵办可也。

专此布泐。顺颂升祺。

附收据一纸。

名另具。

附件　美国圣路易斯博览会副监督柯尔乐为收到慈禧画像给清廷收据（译文）

光绪三十年四月三十日

今收到上海寄来标记有F.A.C.y1和F.A.C.y2的两个箱子，内装有送散鲁伊斯赛会展出的中国皇太后画像。

赛会副监督柯尔乐。

1904年6月13日于散鲁伊斯。

附录二

慈禧写照的续笔：华士·胡博[1]

〔加拿大〕邝兆江

美国女画家凯瑟琳·卡尔（Katharine Carl）为慈禧太后画像是人所熟知的晚清掌故。1903年8月，卡尔经美国驻华公使康格（E. H. Conger）夫人介绍，开始为慈禧画像。卡尔获准搬进颐和园附近的醇亲王府居住，得以就近工作，由本来奉命“陪太后解闷的”德龄、容龄姐妹和她们的母亲三人陪住，另有两名太监侍候。据容龄回忆，慈禧返回紫禁城和西苑的日子，卡尔也随着进城，住在康格夫妇府第。自翌年3月起，卡尔也曾住在海关总税务司赫德家。卡尔的弟弟柯尔乐（Francis Carl）是烟台海关税务司，赫德分属上司，跟卡尔一家又有交情，所以给与方便。当绘画用的油彩和帆布快用完时，慈禧吩咐卡尔，要赫德用电报通知海关驻伦敦代办金登干（James Duncan Campbell）尽速在伦敦和巴黎将补给物料购齐寄来。可见，卡尔为慈禧画像期间，赫德再一次驾轻就熟地发挥了他效力清廷数十年惯常表现的那种半官半私的作风。1904年5月，慈禧颁给卡尔宝星和银两，作为八九个月来辛劳的奖赏。卡尔共绘慈禧肖像4幅，其中一幅送往美国圣路易市举行的博览会展出，会后转赠美国政府；一幅由华盛顿斯密桑宁基金会国家美术文物典藏署（National Collection of Fine

1 原文刊载于《故宫博物院院刊》2000年第1期，本书收录时略有删改——编者。

“年轻”慈禧像（华士·胡博绘，现藏北京颐和园）

Arts,Smithsonian Institution）珍藏，1966年外借到台湾历史博物馆，长期展出迄今。卡尔后来写了一部回忆录With the Empress Dowager of China，书名直译是“与中国皇太后在一起”，1905年初版，是外国人介绍慈禧太后的面世最早的作品，颇受重视。虽然只属个人观感，但总算是亲身阅历，有一定的事实根据，比较清末一般中国文人谈论宫廷和慈禧时，“想必虚构甚至带有感情的文字大有不同”[1]。10年后（1915年），中译本《慈禧写照记》面世，一纸风行，慈禧画像的事也随之在国人间流传开来。

其实，替慈禧“写照”的不止卡尔一人。1905年，另一名美籍画家Huber Vos（1855—1935年）也为慈禧画过两幅巨型肖像，后来慈禧还为他正名，称“华士·胡博”。两幅肖像一直保存至今，一幅在颐和园，另一幅由美国哈佛大学福格美术博物馆（Fogg Art Museum）珍藏。华士曾将绘像经过用书信向家人、友好详细叙述，只是没有出版过像《慈禧写照记》一样脍炙人口的回忆录，而他的慈禧画像又没有在大型国际场合如圣路易博览会展出过，所以后世对他来华的事知道得不多，即或提及，有时亦张冠李戴，将他和卡尔混为一谈。对此本文或可提供一个初步答案。

平情而论，华士是专业肖像画家，其经验、技巧、总体成绩都在卡尔之上。华士的书信和部分为晚清官员所作画像现由他住在美国加州的嫡孙胡博·D·华士先生（Huber D. Vos）保管。承友人史惠尼女士（Whitney Stewart）介绍，笔者读到一些书信，其中有关慈禧画像的绘制经过，颇有趣味，可作为晚清中外接触及慈禧晚年事迹的补白。

华士·胡博祖籍荷兰，生于1855年。早年在荷兰、比利时、法国（巴黎）、意大利（罗马）、英国（伦敦）等地学习雕刻和绘画。后来专攻肖像画，曾替荷兰女皇、俄国驻英大使等欧洲权贵画像，参展作品

1 语见吴相湘《还我本来面目——慈禧太后传绪言》，《传记文学》第18卷第3期。

"写实"慈禧像（华士·胡博绘，现藏美国哈佛大学福格美术博物馆）

亦屡次获奖，薄有声名。1893年，奉荷兰政府之命前往美国芝加哥，出席为纪念哥伦布首航400周年举办的世界博览会，专责照料荷兰馆的展品。此行是他一生的转折点。美国这个充满“希望与机会”之邦，令他向往，于是决定留下发展，入籍为公民，定居纽约。博览会期间，他目睹世界各地不同民族聚首一堂的盛事，深受感动。为求充实自己，于是大量翻阅民族学的书籍。可是书中描绘不同人种的插图都不能令他满意。在他眼中，图示的人种大多取材自次等样本，而不是最纯粹、最完美的典型。他立下决心，要用他的画笔在所有原型人种未因种族混合而消失前去捕捉他们的“典型美”。

从近代欧美思潮看，华士的志趣一点也不稀奇。19世纪是种族理论、种族主义盛行的时代，可以说是文艺复兴以来西方社会、文化、政治发展的几个主流汇合产生的结果。航海事业标志着欧洲人踏足世界其他角落的开始，“殖民主义”应运而生。欧人用霸权构建世界秩序，“白种人”较其他人种优越，遂成为牢不可破的信念。民族国家的崛兴及国民自我形象和凝聚性的建立常赖历史神话的支援，己优彼劣的种族思想遂成为鼓动民族主义的力量。科学革命确立了以实践检定真理的设准，用数据、方程式取代瑰丽的辞藻和鸿文巨篇，对自然现象作出准确的表达，无疑是人类文明一项极重要的成就。18世纪启蒙思想家将同一理路应用于人文现象的考察，近代社会科学由此形成。其流弊是，庸俗的“科学主义”常替种族主义推波助澜。例如19世纪流行的“颅（骨）相学”(phrenology)，就衍生出林林总总以脑容积或以头骨长度对宽度所得指数大小去决定人种孰优孰劣，为煽情的种族主义披上假科学的外衣。自1859年达尔文那部集16、17世纪以来进化思想之大成、专注探讨自然界进化规律的巨著《物种原始》面世后，滥用其书中理论来解析人种、民族、国家、地区先进或落后的例子，更是屡见不鲜。

虽然华士不是一个种族主义者，但在时代文化气息影响下，他对人种问题关注是很自然的事。他没有察觉到当时所谓的民族学，其实常为种族主义张目，这和他是艺术家、不是专业科学工作者有关。他所追寻的人种典型美，本来就没有客观标准，却驱使他远涉重洋，到世界其他地区实地考察，先后完成近40幅展示不同人种特征的画像。就目前所见资料，没有证据显示他本着“白种人”骄矜自大的心理去到欧美以外地区肆意鱼肉一番，或对其他民族摆出鄙夷的态度。他的妻子凯克兰尼（Kaikilani）原来就是夏威夷土著居民之后。华士的用意，不外要用他的画艺，为人种研究（types of various races）留下一点“科学”的见证而已。这虽属一己之见，但也没有超越时代思潮的藩篱，而其动机、目的和手段似都属无可厚非。

为了实现他的志愿，华士先就地取材，描绘了美洲土著的三种原型。1899年，他渡海西行，跨越太平洋，来到东南亚和东亚，先后在爪哇、新加坡、香港、澳门、上海、天津、北京、蒙古、韩国、日本等地停留。每到一处，即物色他认为最能代表当地人种的对象绘像。在北京，经美国大使康格、英国大使窦纳乐（Claude MacDonald）荐介，他替庆亲王奕劻画像，又为其他总理衙门大臣做了人像素描。此外，清廷重臣李鸿章和在小站练兵的袁世凯也让他绘像。据华士忆述，当时还曾多方努力争取替光绪帝和慈禧太后画像，但都没有成功。这个愿望过了6年后才得实现。

1905年，华士再度来华。这回是应清政府外务部邀请，预先讲妥条件来为该部官员画像。4月10日华士从纽约出发，途中遇到“温文有礼、优雅大方、健谈而非常亲日”的新任美国驻华大使柔克义（W．W．Rockhill）。二人结伴同行，约于6月10日到达北京。柔克义将华士已经抵达的消息通知庆亲王奕劻，奕劻派出外务部右侍郎伍廷芳跟华士联系。从伍的口中，华士才知道这次要画像的不是外务部官员，而是慈禧太后。当时他略带嗔怒地说，早知如此，他定会索取双倍价钱。

庆亲王奕劻像（华士·胡博绘）

李鸿章像（华士·胡博绘）

但随即表示，这样千载难逢的机会绝不能用金钱报酬的多寡决定取舍。无论如何，他会全力以赴。

这时中国的境况跟华士上一趟来时已不一样。其间，中国朝野经历了轰动中外的义和团、八国联军事件。华士再临北京，不难见到这场巨变的痕迹。例如使馆区已经重建，新的“小荷兰”（即荷兰使馆）盖了“四座三层高大楼，非常标致，尽是荷兰风格建筑”。清政府内部也起了变化：总理衙门已改为外务部，班列六部之前；“新政”陆续推行，戊戌时期变革的轨迹昭然若揭。就连一向严守中外之防的宫廷也作出让步。慈禧接待外国使节眷属、卡尔为慈禧画像等等，在外人中已传为佳话。这次华士远道从纽约而来为慈禧绘像，也是清廷对外关系改善的一个表现。据说，慈禧看过华士1899年给奕劻作的肖像，很是喜欢，所以同意外务部官员通过荷兰大使将华士召来为她画像。

伍廷芳通知华士，第一次觐见兼画期安排在西历6月20日，伍到时会替他传译。华士不敢掉以轻心，马上做好准备。他先在酒店顶楼选定两个连浴室的清静房间，租用两个月。一个房间用作卧室，另一个则辟作临时画室。据伍廷芳说，画期只有三次。华士心里盘算，时间紧迫，怎样才可以将慈禧的容貌和现场的宫廷摆设画好？他想到两个方法：一是先将慈禧的面部轮廓在小幅画布上作个模范小样，返回酒店后，再回到大幅画布上；二是借用摄影术。先是清廷曾将一名日籍摄影师拍的慈禧照片分送各国驻京大使，华士打算先向荷兰大使借来一看，取得初步印象。第一次画期届时，他带着照相机前往，实地取景拍照，留作日后参考。[1]

华士为慈禧画像始末参见本文附录。译出部分包括一篇文章，细述几次进宫绘画的经过；另有一封1905年8月18日的家书。现见华士文稿有总标题页，上写："NOTES AND LETTERS FROM HUBERT VOS IN1905 RELATING TO PAINTING PORTRAIT OF EMPRESS TSH〔sic〕-HSI"（1905年华士·胡博为慈禧太后画像的有关札记和书信），译出的两件合成第一个单元，是单面隔双行英文打字稿，共12页，有连续页码和半页序言，可知是曾经整理的稿件。整理者和序言作者是华士的妻子凯克兰尼，整理日期当在1905年秋冬间。此处译文略去序言不译，由首页后半开始，另加上副标题，以清眉目。华士不是研究中国问题的专家，对清宫建筑及其分布、作用、名称等所知有限，所以每当提到画像地点、沿途路线、城门宫殿时，总嫌语焉不详。反观他对景物的描写，却是刻画人微，充分表现出艺术家敏锐的观察能力。虽然华士没有明确指出画像地点，但从他的叙述，可推断为紫禁城之西苑，即中南海。绘画过程已见译文，兹不赘述。现就所见

1 Sterling Seagrave, Dragon Lady. New York, Alfred A. Knopf, 1992, PP.415-416引述华士的话，称共为慈禧拍照6张。言之凿凿，不知有何根据。就笔者所见资料，华士仅称拍了几张宝座及其周围陈设的照片，并没有提到为慈禧拍照。D·华士先生在给笔者的信中（1999年7月13日）也表示对此事毫不知情，又说从其祖父书信行文看，不似拍过慈禧的照片。

袁世凯像（华士·胡博绘）

其他资料略加补充、说明。

原定3次的画期，后来改为4次。华士原先的构想，是用写实手法为年届七旬的太后绘像，但一开始便因慈禧的反对和她周围人的随声附和，以致不能落实。慈禧不要画像面部出现阴影，华士只好放弃西方肖像画一个最基本的技巧，另作画稿。最后完成的画像，不是年事已高的慈禧，而是一个年约三十的少妇模样。对于这个结果，慈禧和清廷有关人员却感到惬意，倍加赞赏。华士认为，这是中国人对肖像画的意义理解不同所致。但他心有不甘，决定将那幅写实的初稿完成，以细致的笔法，加上阴影的运用，捕捉了一个年迈、神情庄重而严厉的慈禧。这幅高131厘米、宽91.4厘米的巨型油画像，翌年（1906年）送到法国巴黎画廊（Paris Salon）首展，历时经年。“年青”慈禧的画像现藏颐和园，写实的一幅现藏哈佛大学福格美术博物馆。华士画笔下的两个慈禧，正是晚清时期中西文化价值、艺术意念差距的一个侧面写照。

对华士而言，这次画像的经验堪称苦乐参半。除了上述不能尽展所长、如实描绘外，尚有其他困难。华士曾得到口头答允，太后画中穿用的衣物和宝座周围的摆设，随后会送到他下榻的酒店，供他仔细描绘。后来有关官员、太监从中阻挠，以致绝大部分物品没有送来。送到的也只有宝座后面画有竹林图案的挂帘和写上“大清国慈禧皇太后”的横额。华士只好另想办法。经过四处访寻，才借到或买到部分类似的宫廷用品或仿制品，于绘画肖像背景时有所依据。其间，虽有内务府官员庆宽和一些外国友人援手，但费时周长，不免烦苦。画像完成后，伍廷芳讹称拿去给慈禧看，其实是暗中送到庆亲王府向奕劻展示。华士知情后，对伍为求讨好上司，将他的心血杰作往返搬运，不顾损毁的危险，表示极度不满，在家书中甚至痛斥伍是“狗娘养的”。愤恨之情，可见一斑。

北京炎夏苦热，酒店房间一若“烤箱或土耳其浴室”般难耐。经过两个月来连续苦干，华士已心力交瘁，加上雨后蚊虫滋生，病毒传播，他终于支持不住，需到北戴河避暑养病。转换环境，固然有助他的康复，但周围的人却使他生厌，尤其那些外国妇女，“不是英国气太重，就是终日纠缠在她们的孩子中间。要不就相貌丑陋，或迟钝笨拙。”面对着碧海蓝天的优美景致，他的心绪一时间仍难平复。

尽管如此，“年青”慈禧画像完成后，华士还是感到无比的欣悦。得意之余，难免拿卡尔来比较一番。他认为，慈禧要求的不是一幅逼真的肖像，而是一幅具有象征意义、富于寓意的纪念像，“这是为她画像的卡尔女士，于画事外另一个没有弄明白、也不可能明白的道理”。他又预言说，将来史家研究慈禧一生事迹时，他会是其中一部分，“我的名字华士 · 胡博，将会重复出现在中国的史籍里”。踌躇满志之情，溢于言表。显然，他自觉此行没有白费。

华士的满足和自豪，无疑同他描绘对象的特殊身份有关。这个对象不是碌碌之辈，用华士的话说，是中国“四万万人的女神”。试问，在现实生活中，又有多少人可令慈禧端坐宝座之上，或直视端详她的仪容，或同她作近距离的交谈，甚至几乎发生“肌肤的接触”？更何况他是一名外籍男子。华士得到这个稀有机会，自觉是一种殊荣，感激之余，对慈禧不免产生敬慕之意。字里行间，对慈禧的一颦一笑、一举一动只有推许欣赏，没有半句微词。这本是正常的心理反应，不足为奇。义和团事件后曾获慈禧接见、款待的外人，不论男女，事后大多表示同样的感激。康格夫人建议慈禧聘用卡尔画像，送往圣路易博览会展出，无非要让世人一瞻慈禧的风采，藉此消解外文报刊对慈禧的刻意恶诋。卡尔出入宫禁达八九个月之久，后来在《慈禧写照记》中歌颂慈禧恩德，也是同一道理。由此引出的问题是，外人对慈禧的溢美之词，是否纯系感情用事？

戊戌政变后，康有为、梁启超逃亡海外，对慈禧口诛笔伐，不遗余力，在国内外产生很大反响。从此国人对慈禧的评价贬多于褒，立场与一些清末外人迥异。康、梁没有见过慈禧，言辞间难免夹杂主观之辞。康格夫人、卡尔、华士等外人则同慈禧有过不同程度的接触，他们的言论，姑且勿论如何主观，流于片面，至少还有亲历的经验作为根据。他们都说明，慈禧在某些情况下可以表现雍容、优雅、体贴、慷慨、慈惠的一面。这不像是慈禧专为讨好外人伪装出来的模样。任何读过同治、光绪两朝重臣翁同龢日记的人，都会察觉翁笔下的慈禧，性格确有阴柔、祥和、甚至软弱的一面，与外人的记述吻合。若通以阴谋视之，谓都是慈禧处心积虑炮制出来的假象，那么她需要的耐力和瞒天过海的本领，能否数十年如一日，丝毫不露破绽？这是颇成疑问的。华士所记慈禧临场即兴的举动，如拿起铅笔在他的记事本上画线，向伍廷芳学说英语“很好”，都不似故意造作。如此说来，慈禧善待外人和朝中大臣可能是她一种本能的感情流露，背后未必另有企图。当然，这并不是说慈禧没有严厉、阴险、凶恶的一面，或者其他性格上的缺点。人性本来复杂，是善是恶，一直是中外哲学家、宗教家争论不休的课题。史学研究着重多元脉络的探索，个人禀赋、家庭背景、成长过程、日后际遇、社会政治环境、时代思潮等因素，错综复杂，耐人寻味，很难三言两语表述清楚。了解不等于认同，解析不等于维护，当实事求是地全面探讨慈禧的一生时，这是不宜忽略的基准。康、梁只知抹黑，未必就能掌握事实的真相。外人对慈禧的颂扬，虽或失诸偏颇，却有一定的备忘意义。

往者已矣，慈禧去世、清朝覆亡已经多时。对慈禧的历史评价，似乎已早有定论。其实，离开了正邪、善恶、好歹、是非等一般的认识范畴，尚有辽阔的灰色地带需要探索、审视、勘定。慈禧研究专家吴相湘利用档案资料，发表了《晚清宫廷实纪》等多种重要著作后，也不免提出反思：慈禧太后是否替罪羔羊？可见，要对慈禧作出历史结论，不是简单或容易的事，仍需学人继续努力。卡尔和华士为慈禧绘画肖像，虽然只是大时代中的小插曲，但若能安排他们的作品同场展出，为百年前中外艺术接触，中美、中荷关系作一诠析，亦未尝不是一件美事。

现征得D · 华士先生同意，将华士 · 胡博谈及为慈禧画像的部分书信译出，作为本文附录。又承D · 华士先生惠借家藏其祖父所画庆亲王奕劻、李鸿章、袁世凯画像照片，准予转载。哈佛大学福格美术博物馆特许将其珍藏慈禧画像复制于此。撰文期间，友人叶志如、柳立言两位热诚相助，提供资料。谨此一并声明，并致以最深的谢意。

1905年华士·胡博为慈禧太后画像的有关札记和书信

一、画像始末

我从伍廷芳口中知道，皇太后命大臣于阴历十八日（即公历6月20日）领我进宫觐见。到时她会从颐和园回来，坐着让我画像。这样的机会不会很多，因为庆亲王早已告诉过她，他没坐过几回，我已将他的肖像画好，还是画得那么好。画像的地点安排在宫内，时间是早上5点钟，到时伍廷芳和庆亲王的儿子会陪我一起进宫。我跟伍廷芳约好，我先于4时30分去到他的府第。从他的府第前往紫禁城需时30分钟，我下榻的旅馆离伍的府第又需20分钟，我要带齐画具准时到达，需要多早动身便可想而知。宫内觐见似乎都在清早进行。

由于太后坐着供我绘画的次数不多，我得尽量争取时间。于是决定带着小幅面布，先将太后的头像分两次写生作个模范小样，待返回画室后再从容地在大画布上画。6月19日，星期一，〔准备〕第一次觐见。我决定还是准4时去到伍廷芳的府第较为妥当。前一晚，我先将一切打点妥当。集齐了画具，并约好全北京城唯一的双人座四轮敞篷马车，于3时30分来到听候差遣。又叮嘱僮仆、更夫、门差于3时将我唤醒。可是，由于心理兴奋，难以入睡。1点钟，猛醒来一趟，时间尚早。2点钟，又醒过一次，仍然太早。到再醒来时，已是3时30分，也没有人来过将我唤醒。接着，一个睡眼蒙胧的僮仆才走进来。我吩咐下人速备早点，将应用物品搬到楼下。4点钟，天色初亮。仍未见马车，街上杳无人迹，没有人力车，什么都没有。我不禁慌张起来，破口大骂。僮仆没有全听懂我骂人的话，但从我的面色、声调早已猜到我的意思。他们冒着大汗，绕过使馆区走到外城召唤人力车。过了约20分钟，终于领着两辆车回来。我们将画具堆放车上，以最快速度赶去伍的府第。

伍廷芳已等得极不耐烦，还派了人去找我。我们一行人等出发，前面由两名骑马和两名乘坐小车的随员开路，其后是伍大人的座驾，接着是我坐的人力车。虽然时间尚早，路上行人已见熙攘。当时我身穿礼服，襟前挂上勋章，头戴遮阳帽，没穿上大衣，却簇拥着一身画具。拉车的和推车的都光着上身，大汗淋漓。僮仆坐的随后的一辆人力车堆放了更多画具。殿后的是4名骑马随员。我们浩浩荡荡，在肮脏、尘土飞扬的街道上前进。经过半小时的光景，到达第一道城门。据说，在中国只要皇太后一声命下，所有城门都会一齐开启。守卫向我们敬礼，我还以军礼，地方也见雅洁起来。我们沿着城墙在宽敞的人造河岸上走。晨曦带着极美的蔷薇色泽，红色的墙、绿色或金黄色的屋瓦倒映水中，与微蓝的天空和葱翠的叶丛相映成趣，叫人目不暇接。我先前的怒气早已化成满怀的欣悦。

不久，我们来到另一道城门。再一轮敬礼后，我们已置身皇城之内。这里的店铺、房舍一如外城的模样，只是较为整洁而已。道路也较好走，没有乞丐的踪影。居民数目恐怕不止10万人，他们跟宫廷都有着某种联系。这是一个城中之城。我们继续往前走，终于来到一个类似繁忙市集的地方，不同的是，来往这里的都是达官贵人和他们的仆从，还有上百没有加上套具的马匹、车子、轿子和狗只。我们进入兵部衙门，这是我们跟庆亲王的长子载振贝子约好见面的地方（中国孩子跟他们的父亲有不同的姓名）。庆亲王是首相，又是外交部大臣，其下属有左、右侍郎各二名，伍廷芳是其中一名右侍郎。载振贝子是商部大臣，在年青一辈官员中最为太后宠信。

中国衙门总是一个模样，入门后是花厅，两旁排列着少不了的茶几、椅子、烟灰缸和火柴，墙上挂着对联。在我到过的衙门中，这要算是最雅洁的了。下人送上茶来，正合我意，不加牛奶，也不加糖。惯例是只呷少许，因为每5分钟他们便会递上一杯新泡的茶来。

不久，载振来到，可见我们已算准时。他矮胖而开朗，衣服华丽，却不懂外语。我们只好相视微笑，交换了香烟。他曾去过伦敦，出席爱德华皇的加冕典礼。

我们离开衙门，徒步走过那像市集的地方，来到另一道更壮观的城门。这时只剩下我们3人和拿着画具的衙差，我们的僮仆全都要留在市集等候。穿过城门，我瞬间即被那迷人、幽雅的景致所震撼。眼前是一面高墙，无论是结构还是图案装饰，都属完美无瑕。那庭院，不，那花园约100平方英尺大小，雅洁似“小荷兰”，缘墙种满了极标致的花卉。再穿过另一道门，眼前尽是一个宽敞的荷塘。虽然我们正身处城的心脏区，但荷塘将花园、宫殿四面围住，极目也找不到北京城的踪影。荷塘岸边停泊了10余只艇，我们乘坐的一只装饰得金碧辉煌，乃载振所有。我的画具则由另一只运载。艇从荷叶中间开辟的水道穿过。伍廷芳对我说：“你已经进入了禁苑。”

艇横跨荷塘四分之一英里的距离后，我们在对岸登陆。我和一名首领太监见面，他是太后的心腹。会客厅整齐、雅洁，如日本官殿。又是一轮茶、寒暄和烟。之后，一名太监传告，说我们可以进内，先行部署一切。我们从四面围住建筑物的庭院走过，来到另一个景色怡人的花园。树上长满了花果，分布得均衡对称，简直是鬼斧神工。地上连一片废纸、枯叶也没有。穿过两旁有大理石栏杆的游廊后，终于来到大堂。其实，这是一个筑有上盖的庭院，四面没设遮栏，约200英尺宽，40英尺高。旁边和天花板分别安装了一系列浅蓝色竹制卷帘，可视乎需要使用，或遮阳光，或让空气流通，或使堂内变得阴暗。作为绘画地点是再理想不过的了。大堂一端安放了宝座，地上铺了一张布鲁塞尔毛圈地毯，虽然颜色、质料俱佳，却是官内所见唯一刺眼、非中国式的东西。宝座背后是一道屏风，垂挂着绘有竹林图案的帘子。宝座是乌木造成的巨型扶手椅，雕工精美，堆满了黄缎垫子，前面另有黄缎脚凳。宝座两旁各有一个方形几子，上放名贵平底果盆，盛满了苹果，像金字塔似的。太后每逢召见，总有这样的苹果摆设。苹果旁边地上，分别有一头装饰的模型狗。狗背上伸出一把长柄，上托金色孔雀，装上一柄孔雀羽扇。宝座前面两旁，放置了美观的花盆，盛放着各种花卉。

我对伍廷芳说，我对画像有不同的构思，背景最好较暗，多带点神秘感，也不要过于对称。伍答道，这样摆设是太后的意思，不能违命。我问他，是否可以将宝座移到大堂另一端，让光线从左方射进来？他们接纳我的建议，在场的50名太监便将整个宝座搬了过去，我乘机将陈设稍加变动。原来宝座上方写上太后名字的横额，现在升高5英尺多了。我开始明白到，太后是要画中景物，尽量表现中国色彩和富于象征意义。我又将卷帘调整妥当，使堂内光线强弱适中。画架放好后，还要一名太监坐到宝座上，让我对准角度。万事俱备，我们便退到会客厅等候，喝茶。半小时过去，传来一阵骚动。隔着窗门，我们见到两名太监摇拨巨扇，随后是10余名太监，接着是一乘金色轿子，由8名太监用肩膊抬着，坐在上面的正是太后，也是四万万人的女神！随后是更多的太监。过了约15分钟，太后传召我们入内，太监在前面和两旁开路。太后端坐宝座之上，载振和伍廷芳匍匐行礼，我在地毯的末端行三鞠躬礼。之后，我奉命开始绘画。

太后的仪容将我深深地吸引住。我曾见过她的一帧照片，是北京一名日籍摄影师所拍。这照片曾送给欧洲各国政府和驻北京大使，后来被禁止流通。我从年青的荷兰大使希斯特（Jonkheer Van Citters。原文作Sitters——译注）那里借来看过，对太后的印象也只限于此。现在才发觉真人跟照片绝不一样。她坐得笔直，显出坚强的意志，连皱纹也带着深意似的，眉宇间充满着仁爱和对美的追求。我对她可谓一见钟情。我很难令她望向我这边，因为没有人可以指令她应当怎样做，就是大臣回答她的提问时，也只许言简意赅。我于是吩咐一名她宠信的太监站在我后面，这样她才朝我这边望过来。我专意描绘，直至有人传谕，太后累了，方才停止。我鞠躬行礼，站到一旁。太后穿着高高的象牙屐，在两名太监搀扶、另三四十名太监随侍下，离开大堂去了。我继续绘画宝座和其他陈设，让我返回画室后可以根据素描照样临摹。完成后，收拾好画具，返回会客厅，喝过茶，便打原路回去。来到市集，却找不到我的僮仆。原来先前忙乱中，忘记吩咐他等候我。他们给我找来一辆车子，将我送返酒店。我马上动手将头像画好，因为油彩干透需时，我明日画期须带同前去。我在我的临时画室不停地工作，直到天黑。今日中午，温度计在阴处标示华氏102度。到晚上8点，还是89度。画室里面不难高达500度！

翌日，早上4时起床，4时30分已坐上马车。我接到通知，今日可以穿着便服进宫。顺道接过伍廷芳和他的僮仆，再沿昨日的路线前往。进入禁城后，有人嘱我先将画架、色板安放好。我于是将一张矮脚凳尽量放近宝座前，在那位置调较色板，实行近距离的仔细描绘。准备就绪后，我们退到会客厅等候。与其说是厅，不如说是一座小楼。这样的单层房舍，这里多得是。宫殿则不同，大多是两层高石造建筑物，有凉台，并装上很大的玻璃窗。宫殿好像彼此连在一起，只有庭院和花园将它们分隔开。

不久，来人传知太后召见。进去后，鞠躬见礼完毕，便马上动工。我不停地画，到太后倦了为止，历时约45分钟。她观看画像，指着不同的部分说话。伍廷芳为我传译，说眼睛上、下方不当有阴影，眼睛要加大，嘴部要显得丰满、朝上，不能下垂，双眉要直，鼻子不着任何阴影。总之是：不要阴影，不要阴影，不要阴影！也不要皱纹！我鞠躬行礼后，她便离去。收拾好画具，我们退到会客厅，就刚才的话详细讨论一番。太监和其他人都像兴高采烈似的。我终于明白到，我不许写实，只能照太后的意思去画。

我于是问：可否暂停两三天，让我另作画稿？答案是：太后已指定这四个清晨连续绘画，没有人敢随便改动。我只好另作打算。早上9时30分左右返回酒店。冷水浴后，喝了一点威士忌和苏打水，便马上着手重画头像。这回是一个年青貌美妇女的模样，只略带阴影，又照我作好的素描，加上正宗中国人的轮廓。我埋头苦干，直到下午4时，头像已经完成，是25岁时的皇太后！这是20小时工作的成绩，也是在连日苦热的天气下取得的结果。

第二天早上5时，偕同伍廷芳取道进宫。我带了两幅头像，一幅是原稿，另一幅是昨天下午才画好的。摆放好画具后，我向太监、载振和伍廷芳展示新画的头像。他们都啧啧称道，叹为观止，更不相信是我只用一天时间画好的，还说比较喜欢这幅。于是，我们返回会客厅，等了足有半小时。太后或许对新画的一幅也比较喜欢，所以我尽量少作改动，只在一般着色上加工。我请求太后准我在记事本上写下要点。太后使用手势表示，画像的眼睛还应向上张开少许，眼角较尖小一点。显然，这是要将全部具有代表性的特征都画进去。我写下关于口部、眼睛和鼻子的笔记。太后起身走了过来，取过我的铅笔，在我捧着的记事本上画了一条线。这可谓是任何一个白种男人跟她最接近的一刻了。她问我每次画完后有没有用茶点，我回答说不太喜欢中式食品，只喜欢威士忌，她便命人为我备酒。我返回酒店时，便多带了几瓶香槟。我留着这些酒，遇到喜庆节日时才拿出享用。太后离去时回头一笑，这也是她对我第一次微笑。这天画像时，她用过两支水烟管，又因为有些凉意，带来了一件标致的大衣。

回到酒店，我已筋疲力尽。翌日是最后一次画期，所以我将画具重新检拾一遍，又写下许多需要仔细留意的要点。在我的监督下，画室被打扫干净，所有文件都锁进皮箱，画室的入口也加上重锁。晚上9时上床，到第二天早上4时起来。好一个美丽的清晨，似乎预示今天最后一次画期会很顺利。5点45分，我们抵达宫内的会客厅。今天大概是觐见日吧，前几天没有见过这么多衣冠楚楚的官员，他们是乘坐名贵的轿子、二轮或四轮马车来到这里的。我自然众所瞩目，因为人人都知道，我是托太后的荫庇才能在这里走动的。好一个鞠躬、见礼的场面！

有人通传，太后感到不适，问我是否愿意到她的宫里画像？我答道："当然愿意。"我们走过四五个宫殿，或者更贴切地说是博物馆，都是纤尘不染的房间或陈列室。再穿过一个搭有上盖的庭院，看到数十名太监忙着将装有一碟碟食物的托盘送进饭厅。隔着玻璃窗，可以见到太后由漂亮的公主陪同用早点，到处都摆设着最为华丽、罕见的珍品。再往前走是另一座宫殿。每座殿里都设有宝座，或者说是巨型的扶手椅，背后衬以美丽夺目的大屏风。到处都是椅子和陈列珍品的玻璃柜，处处都亮着电灯。一切都那样无与伦比。

我选定太后的坐点，将画像放到画架上。她进来时，优雅地向我点头，我便开始工作。我提出很多关于她的戒指和饰物的问题，得到的答案总是说：这些物品和衣服随后会送到我的画室，供我慢慢绘画。太后还问及我的夫人和我的过去。她的茶杯用深色碧玉雕成，配有金色杯托。送茶的太监跪在地上，双手将茶杯举过头顶，其他人则肃立。太后向某人发问，某人即须下跪回答。我写下了更多的笔记。这天画完后，太后先问伍廷芳怎样用英语表达"很好"，然后便笑着对我说："很好！"

返回酒店，累极了。但总算可以好好休息一下，再从容地完成画像。早些时候，我设计了两块调色板，一个中国木匠给我依样制成。我了解到中国人不愿接受绘画运用阴影的原理，所以决计画一幅半中国风格的肖像，只在描绘静态背景时，才加入写实手法。

二、给亲友的信（1905年8月18日）

在忙于画两幅头像期间，我对太后的衣服、饰物都无法详细观察。每当我问及这些物品时，答案总是："迟些时候送到你处，供你参考。"我只好集中于头像和面部神情的描绘。

前面说过，太后按照自己的意思，对画像的布局作好安排，我对她的品味也有所了解和欣赏。她不想把自己画成老妇，而要画成中国的女主，所以画像中不能表现任何岁月之痕。整个构图纯粹是象征式的、带有寓意的，它在很大程度上是一件历史纪念品，而不仅仅是一幅肖像。那一两件带有外国风格的物品，如布鲁塞尔毛圈地毯，我全改成了中国样式。此外，又加入了一些艺术品摆设，以强调中国风格的主题。

她穿着黄色袍子，绣有紫丁香图案，并绣成一个"寿"字。袍的上半部是蓝色和紫色，钉满了珍珠，右襟近肩处又钉有一串串不同颜色的垂珠。她手拿一把硬团扇，上面画有牡丹花。她对牡丹情有独钟，有时整个庭院都种满了这种花。花的品种如同她的小狮子狗一样，都属于极品名种。她戴的头饰，有一个满洲妇女通用的硬托假发，上面插满了花朵、碧玉、珍珠和各种名贵宝石。她的耳环用5粒大小不同的珍珠做成。她的指甲长度双倍于常人，第四、五指分别戴着长约4英寸的金套。她穿的鞋子用象牙块制成，但大部分被长袍所遮盖。她背后不能站人，通常有一道屏风，这次挂上了一幅绘着竹林的垂帘，此画出自一名中国画家的手笔，成为画像的主要背景。背景上方还有一幅横额，从右至左写着太后的称号："大清国慈禧皇太后。"

到目前为止，中国最伟大的艺术成就是书法。横额上的字是宫廷首席书法家所写，我花了很多时间去临摹，终于取得了成功。宝座两旁的摆设非常对称，每边都有高脚方几，放置盛满苹果的蓝、白色精美果盘，我在第一封信中已经提及。我画的景物都是中国式的，在很多细节上，我的手法也是中国画家喜欢采用的，如柄扇、地毯、竹林图案等。我在画像下面签了名，再加上“恭绘”两个字。画像高约92英寸，宽约53英寸。画框由中国木匠制作，雕刻龙纹，涂以金漆。

我想，由于去掉了阴影和皱纹，我成功地描绘了一个30岁妇人的容貌（虽然太后已年近七旬）——祥和、恬静、庄重。但人人都说，画像面部表现出了阳刚性格，又说画得酷似太后。

附上我的新名字，这是某日身穿官服的庆宽先生送来的长信所言。这封信翻译如下：

大清光绪三十一年六月。

荷兰籍画家华士旅行到京，外务部侍郎伍廷芳经与商部尚书载振贝子商议，决定奏 请谕允，准华士为慈禧皇太后恭画肖像。华士进宫觐见后，蒙皇太后嘉许。奉懿旨：中华惯例，姓氏序在名字之前，着其称为“华士·胡博”。华士欣然领旨，并于感戴皇太后恩德之余，于画像之事，倍加恭谨。

余乃内务府大臣，侍奉皇太后夙夜匪懈。每见画像，如见皇太后圣容。画中各物，酷似原件，俱照宫中式样摆设。余所知西洋肖像画家，实以君为祭酒。与君游，并得睹君画艺之精良，诚人生幸事，亦足见我皇太后命君画像之英明抉择。谨恭缮皇太后赐君姓名，刻成名匾送上，以志其事。

签名：庆宽

官二品 题奏内务府三院卿即选道

后 记

2000年初，一位朋友向我推荐了With The Empress Dowager of China（直译《与中国皇太后》）这部作品，并希望我能将其译成中文。当时,我在故宫博物院已工作多年，日日与红墙黄瓦为伴，时间久了，自然会对那些与宫廷有关的文字多一份关注。实际上，早在上世纪20年代，此书已有译界前辈陈霆锐的译本问世，名为《慈禧写照纪》，用词独到考究，生动传神。可惜该书仅为简译本，笔墨未及全书，通篇尚有不少留白之处。因此，读过原著后，便不顾笔下艰涩，决定用现代文字重译，以尽量适合时下的研究与阅读需要，同时也不负友人之托。

100年前，一位名叫凯瑟琳·卡尔的美国女画师，有幸走进中国皇宫并在此生活300余天。其间，她为慈禧太后陆续绘制了4幅油画肖像；返回美国之后，她又对自己在宫中的特殊经历加以梳理总结，出版了这部反映清宫生活的纪实作品。陌生的异国宫禁，如同一幅鲜活的风情长卷，在这位西方女性笔下徐徐展开。里面有富丽堂皇的殿阁，有奢华的皇族生活场景，有东方特有的庄严而繁缛的礼仪程式，也有秀美怡人、旖旎无限的湖光山色……但让卡尔小姐经久难忘，感怀至深的，还是慈禧太后本人。

卡尔最初是怀着忐忑不安、甚至是带着几分恐惧步入皇宫的，因为此前她脑海里有关慈禧的印象，皆是来自西方媒体的各种负面传言……

她曾以观察统治者的眼光去解析慈禧，却在政务之外，看到了一个女人对容貌的关爱和对服饰的考究；她曾以揣度一位七旬老人的心态去接近慈禧，却在年龄之外，感受到一种旺盛的、孜孜不倦的好胜之心……在卡尔眼中，她严厉、专横，同时又通达、聪颖。书中展示给大家的，是一个鲜活而客观的，曾经统治中国48年之久的女人的另一个侧面，是集君主的铁面与强权、女人的魅力与多情于一身的多面人格。同时书中对深宫御苑中许多秘而不宣，一向不为世人所知的奇闻轶事，也做了相当生动的描述。文笔清新自然，如小溪，似微风，质朴流畅。

晚清宫廷见闻类作品虽不鲜见，但真正亲身经历、亲眼目睹宫廷日常生活者却十分有限。而像卡尔这样，以外国人的身份久居大内，与慈禧太后及后宫女眷密切接触者，更是凤毛麟角。正是由于有了这种得天独厚的条件，作者得以置身、甚至融入其中，近距离地观察深宫生活的方方面面，感悟慈禧其人的点点滴滴，才使本书的可信度较高。倘若读者亦能从译文中感受到原作者所描述的百年前大内的庄严冷峻，三海宫苑与颐和园的富丽闲适，并能同样体会到卡尔小姐在深宫中的种种感受与思考，译者将感到十分欣慰。

对书中涉及的颐和园、紫禁城中的部分具体建筑，译者曾多次进行考察、比对，并以注释的形式附注于后。对原著中需要进一步解释的史实、词语，也进行了同样处理。

全文由中国翻译家协会资深专家王武兴教授拨冗通览和审校，王先生伏案于酷暑三夏，倾注了心血和精力。此外，在翻译过程中，还得到加拿大刘烈先生、故宫博物院王殿明先生，以及赵杨、任万平、房宏俊、殷安妮等先生的热情指点和帮助。

对于本书的编辑出版，故宫博物院副院长兼紫禁城出版社社长王亚民先生给予了大力支持，责任编辑左远波先生付出了辛勤的劳动与汗水。

对于以上各位先生的热情帮助和付出，在此诚致谢意！

至于书中记述的宫廷生活及习俗等内容，译者虽已努力进行核实、比较，但仍然难免出现疏漏，敬请方家不吝指正。

译者

2008年8月

修订说明

自《美国女画师的清宫回忆》首版（CIP数据核字（2008）第179085号）发行以来，得到了广大热心读者与媒体的关注。

本次再版，译者主要就以下几个方面进行了修正：

1.增加部分页下注，对书中某些文字予以补充说明。

2.增加新的图片，并撤换原不太清晰的图片。

3.为更好地表达作者原意，对出版中某些文字予以调整。

4.对原作中的明显错误予以修正。

本书在此修订过程中，虽再次对相关史实及文字进行核对，力求准确明了，但错误及不足之处仍在所难免，欢迎读者方家批评指正。

编者

2011年7月

图书在版编目（CIP）数据

美国女画师的清宫回忆／（美）卡尔著；王和平译．
--2版．--北京：故宫出版社，2011.7（2019.4 重印）
（晚清宫廷见闻录）
ISBN 978-7-5134-0150-0

Ⅰ.①美… Ⅱ.①卡… ②王… Ⅲ.①宫廷—史料—
中国—清后期 Ⅳ.①K252.06

中国版本图书馆CIP数据核字（2011）第146866号

美国女画师的清宫回忆

著　　者：〔美〕凯瑟琳·卡尔
译　　者：王和平
审　　校：王武兴
责任编辑：左远波　杨付红
装帧设计：王孔刚
出版发行：故宫出版社
　　地址：北京市东城区景山前街4号　邮编：100009
　　电话：010-85007808　010-85007816 传真：010-65129479
　　网址：www.culturefc.cn　邮箱：ggcb@culturefc.cn
印　　刷：保定市中画美凯印刷有限公司
开　　本：787毫米×1092毫米　1/16
印　　张：16.5
字　　数：230千字
版　　次：2011年7月第2版
　　　　　2019年4月第2次印刷
印　　数：5001～10000册
书　　号：ISBN 978-7-5134-0150-0
定　　价：49.00元